河北省社会科学基金项目

项目名称：传统文化视角下当代大学生网络道德行为引导策略

项目批准号：HB21MK010

传统文化视角下当代大学生网络道德行为引导策略

曾　慧◎著

燕山大学出版社

·秦皇岛·

图书在版编目（CIP）数据

传统文化视角下当代大学生网络道德行为引导策略 /
曾慧著. — 秦皇岛：燕山大学出版社，2023.12
ISBN 978-7-5761-0669-5

Ⅰ. ①传… Ⅱ. ①曾… Ⅲ. ①大学生－互联网络－道
德规范－研究－中国 Ⅳ. ①G641

中国国家版本馆 CIP 数据核字 (2024) 第 071318 号

传统文化视角下当代大学生网络道德行为引导策略
CHUANTONG WENHUA SHIJIAO XIA DANGDAI DAXUESHENG
WANGLUO DAODE XINGWEI YINDAO CELÜE

曾　慧著

出 版 人：陈　玉

责任编辑：张文婷　　　　　　　　　策划编辑：张文婷
责任印制：吴　波　　　　　　　　　封面设计：刘韦希
出版发行：燕山大学出版社　　　　　电　　话：0335-8387555
地　　址：河北省秦皇岛市河北大街西段 438 号　　邮政编码：066004
印　　刷：涿州市殷润文化传播有限公司　　经　　销：全国新华书店

开　　本：710 mm×1000 mm　　1/16　　印　　张：11.75
版　　次：2023 年 12 月第 1 版　　　印　　次：2023 年 12 月第 1 次印刷
书　　号：ISBN 978-7-5761-0669-5　　字　　数：190 千字
定　　价：48.00 元

前　　言

在网络信息技术迅猛发展和不断迭代的大背景下，互联网已成为当代大学生学习、交流和娱乐的重要载体和平台。然而，随着网络空间的不断拓展，网络道德问题也日益凸显，引发了社会各界的广泛关注。传统文化，作为中华民族的精神瑰宝，蕴含着丰富的道德智慧和行为准则，对于引导当代大学生树立正确的网络道德观念、规范网络行为具有重要的时代意义。

当代大学生作为网络社会的主力军，其网络道德行为不仅关乎个人形象，更在一定程度上代表着整个社会的网络文明程度。因此，探究传统文化视角下的当代大学生网络道德行为引导策略，既是对传统文化智慧的传承和发扬，也是提升大学生网络素养、构建健康网络生态的必然要求。

本书共分八章，第一章传统文化与现代文明，第二章德治与法治思想的产生、发展及应用，第三章当代大学生网络道德行为现状、困境及原因分析，第四章传统文化视角下大学生网络道德行为探究，第五章网络空间大学生道德行为引导策略，第六章引导大学生网络道德行为对主流价值观培育践行的价值和意义，第七章协同育人机制下网络道德教育及其成效，第八章案例。本书从传统文化的视角出发，深入挖掘传统文化中的道德精髓，结合当代大学生网络行为的特点，探讨有效的网络道德行为引导策略。通过文献综述、案例研析等方法，分析当前大学生网络道德行为的现状及其成因，进而提出针对性的引导措施，希冀为高校网络道德教育提供理论支持和实践经验，为培养堪当民族复兴重任的建设者和接班人贡献绵薄之力。

曾 慧

2024 年 2 月于燕园

目　录

绪　　论

随着互联网的普及和发展，网络已经成为人们日常生活中不可或缺的一部分。大学生作为网络使用的主要群体之一，他们的网络道德行为对于网络环境的健康发展具有重要影响。但近年来大学生在网络上的不道德行为频现，不仅对网络环境的秩序和安全带来了威胁，也对当代大学生的道德修养和未来发展产生了消极影响。因此，如何引导大学生形成良好的网络道德行为成为了当前面临的重要课题和挑战。

一、研究背景、目的及意义

（一）研究背景

随着信息技术的不断发展，网络已经成为人们获取信息、交流思想的主渠道之一。大学生群体作为网络使用的主力军，其网络道德行为直接关系到自身健康成长和社会有序发展。然而，当前大学生在网络使用中存在着诸多问题，如：网络诈骗、网络谣言、网络暴力等，这些问题的存在不仅严重影响着大学生的健康成长，也给网络空间的和谐安宁带来了负面影响。

（二）研究目的及意义

研究旨在从传统文化视角出发，探讨当代大学生网络道德行为的引导策略。通过深入挖掘传统文化中的道德观念和价值取向，为引导大学生形成良好的网络道德行为提供有力支撑。通过对传统文化视角下当代大学生网络道德行为的探究，为高校德育工作提供新的思路和方法，引导大学生树立正确的网络道德观念、规范网络行为、提高网络道德素质，为网络虚拟空间和现实社会的稳定和发展作出贡献。

研究意义在于为解决当前大学生网络道德行为问题提供参考，促进网络环境的健康发展。此外，还可以为高校教育工作者提供借鉴，助力引导大学生形成良好的网络道德行为，具体包括以下几个方面：

（1）丰富和完善高校德育理论体系。通过对传统文化视角下当代大学生网络道德行为研究，进一步丰富和完善高校德育理论体系，为高校德育工作开展提供新思路和新方法。

（2）促进大学生健康成长和社会发展。通过对当代大学生网络道德行为的研究和引导，有效地提高大学生网络道德素质，减少和避免网络不良行为发生，进而促进大学生健康成长和社会和谐。

（3）为高校德育实践提供指导。通过对传统文化视角下当代大学生网络道德行为的研究，为高校德育实践提供指导，帮助高校德育工作者更好地开展工作，提高德育工作的针对性、实效性。

二、国内外研究现状及趋势

（一）研究现状

经过查阅相关文献资料，目前相关研究主要集中在以下三个方面：

1. 传统文化与网络道德行为

传统文化中蕴含着丰富的道德观念、价值理念和行为规范，对引导大学生形成良好的网络道德行为具有重要的指导意义。如：儒家思想强调"仁爱""诚信""礼义廉耻"等道德观念，这些观念对于规范大学生网络行为具有积极的作用；道家思想提倡"无为而治"，即让人们在网络世界中保持平和的心态，避免过度追求物质利益和虚荣心等。将传统文化中的优秀元素和精髓"内化于心""外化于行",是提高大学生网络道德素养和规范大学生网络道德行为的精神力量。

2.传统文化对大学生网络道德行为的引导作用

传统文化中的道德观念和价值取向可以为引导大学生形成良好的网络道德行为提供有力支持。例如,儒家思想中的"仁爱"观念可教育大学生主动关爱他人、尊重他人、帮助他人;传统文化中的"尊老爱幼"等观念可以培育大学生关注弱势群体、关心社会公益事业的社会责任心。此外,传统文化还可以为解决当前大学生网络道德行为问题提供新思路、新方法。这些思想不仅有助于提高大学生个人素质和社会责任感,也有助于促进网络环境的健康发展。

3.大学生网络道德行为现状及问题

近年来,随着网络的普及和发展,大学生网络道德行为问题也日益突出,如:一些大学生在网络上发布虚假信息、传播谣言、参与网络欺凌等,这些行为严重影响了网络环境的健康发展。此外,少数大学生在网络中表现出极端的个人主义和功利主义倾向,缺乏对他人的尊重和理解。这些问题的出现与大学生的年龄特征、心理状况以及网络环境的特殊性等因素密切相关。国内外关于大学生网络道德行为的研究涵盖如下内容:网络道德的定义和内涵;大学生网络道德行为的特点和影响因素;网络道德教育的现状和改进措施。其中,国内研究主要从思想政治教育的维度,从德育视角对大学生网络道德行为进行引导和教育。而国外研究则更加注重实证研究和案例分析,通过对实际案例的分析和研究,提出针对性的解决方案和措施。

(1)国内研究现状

随着互联网的普及和发展,网络已经成为人们获取知识、交流思想、社交娱乐的重要平台。当代大学生的网络道德行为受到广泛关注。传统文化作为中国文化的重要组成和精髓瑰宝,对当代大学生思想观念、思维方式和行为表现产生深刻影响。因此,以传统文化视角研究当代大学生网络道德行为引导策略具有重要的现实意义和指导价值。

国内学者普遍认为,大学生的网络道德行为与现实中道德行为密切相关,应从德育角度进行引导和教育。同时根据大学生群体特点开展针对性教育，提高其网络道德素养。

目前研究成果从不同角度探讨了传统文化视角下当代大学生网络道德行为引导策略。整体来看，研究主要集中在如下方面。

传统文化视角下当代大学生网络道德行为的特征和表现。一些研究表明，当代大学生在网络上的行为受到传统文化的影响，具有一些独特表现，如：部分大学生在社交媒体上分享中国传统文化内容或者在论坛上参与讨论传统文化话题。此外，当代大学生也表现出对网络道德行为的重视和关注，如：在网络上监督举报不道德行为或者参与网络公益活动等。

多数研究表明，传统文化视角下当代大学生网络道德行为影响因素主要源自于文化背景、家庭教育、学校教育和社会环境等方面。如：家庭对孩子的传统文化教育会影响孩子在网络上的道德行为表现。此外，学校亦应加强对大学生的网络道德教育，提高大学生的网络道德意识和素养。

对于传统文化视角下当代大学生网络道德行为的引导策略的研究，针对当代大学生网络道德行为的特征和表现，建议可以采取以下引导策略：加强传统文化教育，提高大学生的文化自觉和文化自信；加强网络道德教育提高大学生的网络道德意识和素养；发挥家庭、学校和社会各方面的合力共同引导当代大学生树立正确的网络道德观念。还有的研究提出了具体的引导策略和方法，如：通过开设相关课程、组织讲座等方式帮助大学生了解网络道德的基本规范和要求，通过开展实践活动加强校园文化建设等方式增强大学生的网络道德意识和素养。

对传统文化视角下当代大学生网络道德行为引导策略研究的相关文献进行综合性评述发现：尽管取得了一定研究成绩，但仍然存在一些不足之处，如：缺乏实证研究和比较研究。未来研究可以进一步完善研究方法、比较不同引导策略的有效性等，为提高大学生网络道德意识和素养提供更科学的依据和方法支持。

（2）国外研究现状

国外关于传统文化视角下当代大学生网络道德行为引导策略的研究相对较

少。然而，近年来随着全球范围内对网络道德行为的关注度不断提高，越来越多的学者开始关注传统文化在网络道德教育中的作用。国外的研究多采用实证研究方法。这些研究通过对大学生进行问卷调查、访谈和观察等手段，了解大学生网络道德行为的特征和表现，并探讨传统文化对网络道德行为的影响。国外的研究主要集中在以下几个方面。

传统文化对大学生网络道德行为的影响：一些研究表明，传统文化对大学生网络道德行为具有积极影响。一些学者发现，对传统文化的认同和尊重可以促进大学生在网络上表现出良好的道德行为。

关于对大学生网络道德教育策略和方法方面，一些研究提出通过开设相关课程、组织讲座等方式帮助大学生了解网络道德的基本规范和要求；通过开展实践活动、加强校园文化建设等方式增强大学生的网络道德意识和素养等建议。

关于家庭、学校和社会在引导大学生网络道德行为中的作用，一些研究提出：家长应该注重孩子的传统文化教育和网络道德教育；学校应加强对大学生的网络道德教育；社会应该加强网络监管和管理同时营造良好的网络文化氛围，形成合力共同促进当代大学生形成良好的网络道德行为习惯。

尽管国外相关研究仍存在一些不足之处，如：研究的整体性、系统化研究上需要进一步提高；与史结合的研究还有待以进一步拓展和深化。

（二）研究趋势

随着信息技术的不断发展，网络道德问题将会越来越受到关注。未来研究将更加注重跨学科和实践，从多个角度对大学生网络道德行为进行引导和教育。同时，随着人工智能等新技术的不断发展，也将为网络道德教育提供更多的手段和方法，呈现出新的研究趋向。具体来说包括以下几个方面：

1.跨学科研究实践

未来研究将更多地从学科交叉和学科整合视角开展。例如，心理学、社会学、教育学等多个学科的理论和方法将被引入到网络道德行为的研究实践中，从而进一步提高研究的科学性、全面性。

2. 多元化教育手段和方法

未来研究将更加注重多元化的教育手段和方法的应用。例如，利用人工智能技术对大学生进行个性化的网络道德教育；利用虚拟现实技术模拟真实的网络环境进行实践训练；利用社交媒体等平台开展线上教育等活动。

3. 国际合作和比较研究

未来研究将更加注重国际合作和比较研究。不同国家和地区的大学生网络道德行为存在差异和相似之处，通过国际合作和比较研究可以更好地了解不同国家好的经验和做法，为全球范围内的网络道德教育提供参考和借鉴。

三、研究内容和方法

（一）研究内容

从传统文化视角，对当代大学生网络道德行为进行引导策略研究，具体研究思路和内容如下。

1. 传统文化视角下大学生网络道德行为定义和内涵

网络道德行为是指在网络环境中人们表现出的道德行为和道德观念。传统文化视角下大学生网络道德行为是指在传统文化的影响下，大学生在网络环境中表现出的道德行为和道德观念。这里提到的传统文化的影响主要表现如下：

（1）传统道德观念影响。传统道德观念是中国传统文化的重要组成部分，它强调的是人与人之间的伦理道德关系，如尊老爱幼、诚实守信、尊重他人等。这些传统道德观念对大学生网络道德行为有着重要的影响。

（2）传统价值观影响。中国传统价值观强调的是集体主义和爱国主义，而西方价值观则强调更多的是个人主义和自由主义。这种不同的价值观对大学生的网络道德行为也会产生一定的影响。

（3）传统教育方式影响。中国传统教育方式是一种灌输式教育，而西方教育方式则更加注重学生的自主性和创造性。这种不同的教育方式对大学生网络道德行为也会产生影响。

2. 大学生网络道德行为特点及影响因素

大学生网络道德行为的特点主要表现在以下几个方面：

（1）自主性强。大学生在使用网络时，往往更加注重自身的兴趣爱好和需求。

（2）交互性强。大学生的网络表现往往更加注重与他人的交流和互动。

（3）信息获取能力强。大学生使用网络更加注重信息的获取和利用。

3. 大学生网络道德行为影响因素

目前，关于大学生网络道德行为影响因素，研究认为主要包括以下几个方面：

（1）个人因素。主要包括个人的道德观念、价值观、心理状态等，这些对大学生的网络道德行为有着重要影响。

（2）社会因素。主要包括社会环境、家庭教育、学校教育等方面，这些因素对大学生的网络道德行为起着基础性作用。

（3）网络环境因素。主要包括网络匿名性、虚拟性、开放性等因素，这些网络所具有的特征也会形成特定的行为。

4. 传统文化视角下大学生网络道德行为的引导策略

传统文化视角下大学生网络道德行为的引导策略和方法如下：

（1）强化传统文化教育。通过加强传统文化教育，让大学生了解中国传统文化的精髓和价值，从而增强其对传统文化的认同感和归属感，进而在网络环境中表现出良好的道德行为。

（2）引导大学生树立正确的价值观。通过引导大学生树立正确的价值观，如集体主义、爱国主义等，让大学生在网络环境中表现出良好的道德行为。

（3）增强大学生的网络道德意识。通过增强大学生的网络道德意识，让其认识到在网络环境中不良道德行为的危害性和后果，从而自觉地遵守网络道德规范。

（4）建立完善的网络监管机制。通过建立完善的网络监管机制，对大学生的网络行为进行监管和管理，从而有效地防止不良网络行为的发生。

5.传统文化视角下大学生网络道德行为的实践案例分析

通过收集和分析实际案例，了解传统文化视角下大学生网络道德行为的实际情况和实践效果。具体来说，可以选取一些典型的案例进行分析和研究，如某高校通过开展传统文化教育活动，成功地引导大学生在网络环境中表现出良好的道德行为等。通过这些案例的分析和研究，可以为其他高校开展相关活动提供参考和借鉴。

（二）研究方法

本研究采用文献分析法、实证研究法和案例分析法等多种方法。其中，通过文献分析法了解传统文化与网络道德行为的相关理论和实践；了解国内外研究现状和发展趋势；实证研究法主要是通过问卷调查法了解大学生网络道德行为的现状及问题，通过访谈法收集相关数据并进行收集分析和归纳总结，研究大学生网络道德行为的特点和影响因素，案例分析法则主要是通过对实际案例的分析和研究，提出针对性的解决方案和措施。

经过调研表明，当前大学生在网络道德行为方面存在一些问题。一些大学生的行为严重影响了网络环境的健康发展。此外，个别大学生在网络上表现出极端的个人主义和功利主义倾向，缺乏对他人的尊重和理解。这些问题不仅影响了大学生的个人形象和未来发展，也损害了网络环境的秩序和安全。

针对这些问题，本研究从传统文化视角出发探讨了引导大学生形成良好的网络道德行为的策略。首先，通过深入挖掘传统文化中的道德观念和价值取向为引导大学生形成良好的网络道德行为提供支持。例如，儒家思想中的"仁爱"观念可以引导大学生关爱他人、尊重他人、帮助他人；道家思想中的"无为而治"观念可以引导大学生保持平和的心态、避免过度追求物质利益和虚荣心这些思想不仅有助于提高大学生的个人素质和社会责任感，也有助于促进网络环境的健康发展。

其次，提出具体的引导策略和方法。例如，通过加强网络道德教育，引导大学生树立正确的网络道德观念；通过开展网络道德宣传活动，提高大学生的网络道德意识；通过建立网络道德教育网站，提供丰富的网络道德教育资源；通过建立网络道德行为监督机制，及时发现和纠正大学生的不道德行为。这些策略和方法不仅有助于引导大学生形成良好的网络道德行为，也有助于促进网络环境的健康发展。

四、结论与展望

本研究从传统文化视角出发探讨了当代大学生网络道德行为的引导策略。同时，本研究提出了具体的引导策略和方法，为解决当前大学生网络道德行为问题提供新的思路，将来可以进一步深入研究传统文化与网络道德行为的关系以及如何更好地将传统文化融入到网络教育中以促进大学生的全面发展。也可以进一步探讨如何将传统文化与现代科技相结合，以更好地引导大学生形成良好的网络道德行为，为进一步研究如何建立完善的网络道德教育体系打下基础。

第一章　传统文化与现代文明

　　如何看待传统文化与现代文明的关系是当前我们面临的重大时代课题。何为传统文化？何为现代文明？两者间的区别与联系如何，这些都是我们要清楚的问题，唯有如此，才能承前启后、继往开来。传统象征着历史、过往的积淀，现代标识着现在和未来的力量，学习研究和借鉴传统文化已汲取历史营养，才能为更好地开创和预测未来创造条件。坚持古为今用、西为中用，以史为鉴、开创未来，是当前我们处理传统文化与现代关系、服务全面建设社会主义现代化国家、推进中华民族伟大复兴的科学态度、正确方向。

　　但从五四运动至今的一个多世纪以来，如何认识传统文化以及对待传统文化的问题始终萦绕在人们心头，看似解决但又没有完全解决，成为中国特色社会主义文化建设中的一个症结。五四运动以来，中国的知识分子、贤达精英大都是以反封建、反传统的形象出现，主张打倒"孔家店"、废除文言文、扔掉线装书，这也得到了相当一部分人的认同，这部分人认为中国现存的很多弊端、问题都可以采取五四运动的反传统运动而加以解决，更有甚者，有的人认为中国的传统文化无法在现代社会，特别是网络信息技术和工业发展的时代背景下赓续承接。甚至还有一些人断言，中国传统文化从其发生根源上就决定了它不可能适应于现代工业社会。时至今日，开放的世界不可避免地带来了文化的交流、交融甚至交锋，外来文化尤其是西方异质文化的入侵、意识形态的渗透及价值观的冲击，物质文明建设模仿西方现代化的同时也夹杂着精神文化上"全盘西化"的趋向。这些言论是不全面、不客观、不科学的。诚然，精神文化对经济基础具有强大的反作用，但对文化问题的研究、判断要结合不同历史时期的特殊环境和背景来进行。

新文化运动和五四运动推动中国社会出现了爱国进步、民主科学的文化潮流，但旧的封建文化、落后愚昧的整体环境仍未完全得到改变，物质生产、经济社会和文化精神整体面貌仍然带有封建、半封建的烙印，旧社会、旧文化的流毒依然极力与新社会新文化进行抗争，甚至在一些领域还盘根错节、根深蒂固地存在着。百年后的今天，虽然在老一辈国人身上还依然残留着封建社会思想文化观念，但当前整个时代背景环境下，封建元素已不是主流，而仅仅是局部领域的少数问题。还应明确的一点就是一些封建元素之所以能够残留至今，并不是五四运动所致，恰恰是这些腐朽余毒与外来输入的劣质文化相结合滋生的。因此，无视五四运动以后百余年，特别是新中国成立以来我国在经济、政治、文化、社会、生态等方面的历史性成就、历史性变革，而模糊其词地提出"必须从'五四'重新开始"是错误的、应该予以严肃批判的。

传统是一个具有阶段性的概念范畴，因时间流逝、生产力发展而变化，同时传统也是一个历史概念，因社会生产生活方式相对稳定而积淀。传统是基础、是前提，没有传统也就无所谓创新和现代。当今时代，网络信息技术迅猛发展，社会生产力实现了放大、倍增和叠加效应，由此带动了经济社会的大发展、大变革和大调整。传统在现代信息社会受到了前所未有的冲击和影响。对于传统的批判和检讨更应该把眼光放在大历史观视野中进行。如果把眼光放在五四运动至今的百年历史长河中来考察，我们所进行的检讨应该集中放在"五四"以后出现的"洋八股""洋教条""洋糟粕"等新情况和新问题上，而不是总揪住"五四"不放，有些人总是把传统文化和现代文化对立起来，他们有种执念认为不彻底割断与传统的关系，就无法实现现代化。当前有不少主张传统和现代不可调和的文章，言之凿凿，信誓旦旦，颇有气势。然而，冷静下来分析，这些文章的论证其实缺乏说服力，因为这些文章在贬斥中国传统文化与现代文明不可调和的同时，往往不否认甚至是片面欣赏和赞同西方传统与现代文明的联系，但它们证明现代工业文明是在西方传统文化中发生发展起来的，这不分明在肯定现代化和传统文化的联系吗？是无论如何也不能由现有的理论和实践推衍出来。

传统与现代的区别、联系不以人的意志为转移，如何对待传统与现代的关系既是理论问题也是实践问题。笔者认为，中华优秀传统文化的创造性转化、创新性发展，对传统文化的守正创新，是适应和对接现代文明的必要之举，中国传统文化完全有可能实现同现代社会相适应，与现代文明的融合、转变。其中，我们作为现代人对于传统文化的自觉主动地择善调整是关键。但正因为此问题在理论上的长期混乱，致使人们在处理传统与现代关系时感到无所适从。在实际中，我们必须以中华优秀传统文化来吸收融合外来优秀文化，并对其进行调整、转化，否则很可能会出现传统文化被外来文化、封建文化及落后文化所侵蚀埋没的后果。一味地否定和批判传统，而不去辩证发展和弘扬传统，会给中华民族根脉的健康发展带来严重危害。

中国古语云："不破不立。""破"是"立"的前提和条件，更需要付出努力才能实现"立"的结果，如果什么都不做，那么"破"了之后就不会出现"立"的结果，在"立"的过程中不仅要创造性吸收新文化，也要坚持对传统文化的创造性转化、创新性发展，从这一点来看，做"立"的工作要比做"破"的工作更艰巨复杂。党的二十大提出：要坚持马克思主义与基本原理同中国具体实际相结合，同中华优秀传统文化相结合。马克思主义如果不能做到与中国具体实际、与中华优秀传统文化相结合，或者被机械教条地运用，那它就不能发挥指导意义和作用。但事实上有些人认为无论是封建主义、传统文化和马克思主义等统统都不灵了，只有现代西方资本主义的文化思潮才能拯救中国。这种不顾一切地反传统的思想的泛滥，会造成国民失去民族的自我主体意识，失去自信自强的底气和信心。

我们应当从对历史、对国家、对人民负责的态度，强烈抵制和反对这种思想的蔓延，我们必须重视并采取果断举措来改变这种趋向。因为一旦人民对自己的文化传统丧失信心，就如同人失去了灵魂。因此，必须加强中国特色社会主义文化建设，丰富人们精神文化生活，丰富人们的精神世界，建设中华民族共有精神家园，增强中华民族主体意识。

对于传统文化，有人说这或为"包袱"或为财富，有人认为传统阻碍了现代化推进，还有人认为传统是实现现代化的动力。这些观点都不全面。如果我们能够正确认识和处理传统和现代之间的关系，也就是不隔断历史与现代的关系，明确自己从哪里来，要到哪里去，认识到历史是不能割断的，传统与现代是存在血肉联系的，应当主动地吸收传统中的精华，并进行创新性发展、创造性转化，令其为现代生产生活服务。否则，如果不能正视传统与现代的关系，割裂历史、抛弃传统，传统就真有可能成为阻碍现代社会发展的一种"包袱"和障碍。我们应当从"五四"以来百余年的历史进程和经验总结中认识到：科学地对待传统文化，做好传统文化的转化和创新工作，是当代一个重要的时代课题。

第一节　中华优秀传统文化之精髓

中华优秀传统文化是中华民族的"根"和"魂"，是中华民族共有的"精神家园"，是我们生存和发展的精神支柱。在几千年的历史长河中，中华民族形成了自己独特的价值观念、道德理念和思维行为模式，它们被统称为中华优秀传统文化。概括说来，中华优秀传统文化的精髓主要包括以下几个方面。

一、儒家思想

儒家思想是中华优秀传统文化的重要组成部分，强调的是人与人之间的关系、道德修养和社会责任。在儒家思想中，"仁爱"被视为最高的道德品质，它包括尊重、关爱、宽容和互助等内涵。

在人与人关系方面，儒家思想提倡以和为贵，注重亲情、友情和爱情等，强调人与人之间的情感交流和心灵沟通，倡导真诚、信任和尊重他人。儒家思想主张以"仁爱"之心待人，通过理解他人的立场和情感，达到和谐相处、共同发展的目的。在道德修养方面，儒家思想注重个人的道德修养，这是人区别于其他生物的关键，提倡"修身齐家治国平天下"，即通过自我修养和学习，达到完善个人品德和家庭和谐的目的，进而推动社会的进步和发展；儒家思想还主张"反求诸己""自省克己"，即通过反思和实践来提升自己的道德水平，同时强调谦虚谨慎、不骄不躁的作风，以保持内心的平和与宁静。在社会责任方面，儒家思想强调个人的社会责任，认为每个人都应该为社会作出贡献。它倡导"天下兴亡、匹夫有责"的精神，即每个人都应该关心社会的繁荣和进步，积极参与社会事务。在实现这一目标过程中，儒家思想主张"以义为先、以义求利"，即在追求个人利益的同时，要考虑社会整体的利益。同时强调诚信正直、言行一致的品质，以树立良好的社会形象。

二、道家思想

道家思想是中华优秀传统文化的另一个重要组成部分，强调的是人与自然的关系、和谐与平衡。道家思想倡导"天人合一"的理念，即人与自然是和谐共生的关系。

在人与自然的关系方面，道家思想认为人与自然是息息相关的整体，强调了保护自然环境、尊重自然规律的重要性。它主张与自然和谐相处，通过顺应自然的规律来达到最佳的平衡状态。同时强调对自然资源的合理利用和保护，反对过度开发和破坏环境的行为。在人与自然关系的处理上，道家思想追求的是和谐与平衡的状态，倡导无为而治的方法论。它认为只有遵循自然的规律和法则，才能达到社会的和谐与平衡。在处理人与自然的关系时，道家思想主张减少人为干预和破坏，让自然环境自然恢复和发展。同时强调简约生活、减少欲望，以保持内心的平静与和谐。在哲学思想方面，道家有许多深刻的思考，如"道法自然""无为而治""反者道之动"等。这些思想对于人们思考人生、认识世界具有很大的启示作用。例如，"道法自然"的思想让人们认识到自然界的伟大和规律性；"无为而治"的方法论让人们懂得在处理问题时应该注重顺其自然、不强制干预；"反者道之动"的哲学观点让人们看到事物发展的曲折和循环往复的规律。

三、中华武术

中华武术是中华优秀传统文化的重要组成部分，强调的是修身养性、强身健体、防身自卫等方面的技能和素质。武术作为中国传统的体育项目，不仅具有健身和防身的作用，还蕴含着丰富的文化内涵和哲学思想。

武术注重修身养性，通过练习武术提高自身的修养和道德素质。在习武过程中，人们通常会培养坚韧不拔、谦虚礼让的品质，从而在生活和交往中展现出高尚的道德风范。武术的练习过程也是一个自我约束和自我提升的过程，通过不断地修炼自己，达到更高的境界和水平。武术运动还具有强身健体的功用，能够增强人体的力量、柔韧性和耐力等素质，提高身体的免疫力和抗病能力。习武者通常会注重身体的健康和养生，从而保持身体的良好状态。武术的练习过程也是一个锻炼身体的过程，通过不断地练习和提高自己的技能水平，达到增强身体素质的目的。武术还具有防身自卫的作用，通过学习和练习武术，人们在遇到危险的时能够有效地保护自己和他人的安全，同时也可以增强自己的信心和勇气面对生活中的各种挑战和困难。

四、中医文化

中医文化是中华优秀传统文化的重要组成部分。中医文化强调的是人体与自然的和谐统一，注重预防、养生和治疗方法。

中医文化倡导"治未病"，即预防疾病的发生。它强调了保持身体健康、预防疾病的重要性，并提出了许多有效的养生方法和保健措施。中医文化还注重个体差异和个性化的治疗方案。它认为每个人的身体状况和患病类型都有所不同，因此需要针对每个人的具体情况进行个体化的诊断和治疗。同时，中医文化强调整体观念，认为人体是一个完整的有机体，各个器官和系统之间相互联系、相互影响。因此，在治疗疾病时需要综合考虑整体的身体状况和疾病情况。

五、中华传统艺术

中华传统艺术是中华优秀传统文化的重要组成部分，包括诗词、书法、绘画、音乐等多种形式。中华传统艺术强调的是表现形式和精神内涵的统一，追求的是美与善的完美结合。传统艺术作品往往寓意深刻、富有诗意，能够启迪人们的思想和心灵，提高人们的审美情趣和文化素养。同时也可以增强民族凝聚力和自豪感，传承和弘扬中华优秀传统文化的重要途径之一就是加强对传统艺术的学习和传承工作。通过学习传统艺术，人们可以更好地了解和认识中华文化的精髓和特点，从而更好地传承和发扬中华优秀传统文化。

中华优秀传统文化具有丰富的内涵和外延。这些文化精髓对于中华民族的生存和发展具有重要的意义和价值，对于促进世界文明的发展也具有重要的作用和影响。我们应该深入学习和传承这些优秀传统文化，不断发扬光大，为中华民族伟大复兴和人类文明的发展作出更大的贡献。

要准确把握"两个结合"，即将马克思主义基本原理与中国具体实际相结合，与中华优秀传统文化相结合，特别是"第二个结合"，马克思主义与中华优秀传统文化相结合的重大理论和实践意义。中华优秀传统文化是中华民族的根脉，是中华民族历经五千年而赓续发展、前后相继、弦歌不辍的"基因纽带"和"精神家园"，也是中华民族创造的灿烂文明得以延续、传承和发展的根本。

党的二十大报告强调：中华优秀传统文化源远流长、博大精深，是中华文明的智慧结晶，其中蕴含的天下为公、民为邦本、为政以德、革故鼎新、任人唯贤、天人合一、自强不息、厚德载物、讲信修睦、亲仁善邻等，是中国人民在长期生产生活中积累的宇宙观、天下观、社会观、道德观的重要体现，同科学社会主义价值观主张具有高度契合性。报告全面概括了中华优秀传统文化蕴含的世界观、人生观、价值观，同时肯定了中华优秀传统文化与马克思主义科学理论的彼此契合和相互成就，为我们在新征程上赓续传承中华优秀传统文化，进行中华民族优秀传统文化的创造性转化、创新性发展及守正创新工作，增强文化自信自强，提供了价值观、方法论方面的指导和遵循。

中华优秀传统文化的内涵厚重而丰富，因历史和社会发展变迁而呈现不同特征。因此，需要对中华优秀传统文化进行内涵界定，对中华优秀传统文化的厚重底蕴开展挖掘开发，还需要厘清中华优秀传统文化与现代社会精神文化间的关系，为更好地理解现代文明与中华优秀传统文化间的联系创造条件。

第二节　现代科技文明之时代特征

我们生活在一个被科技深深影响的时代，科技的快速发展和广泛应用改变了我们的思维和生产、生活方式，也重塑了社会的基本结构和运行方式。现代科技文明的时代特征，既包括科技进步的快速性、普遍性，也包括科技对社会、经济、文化等多方面产生的深远影响。本节将深入探讨现代科技文明的内在特征，分析其对人类社会发展的深刻影响。

一、现代科技文明的迅猛发展

（一）科技的加速进步

现代科技文明的显著特征之一是科技的加速进步。在过去的几十年里，我们见证了计算机技术、生物技术、新能源技术等的快速发展。这些进步改变了我们对世界的认知，也使我们的生活更加便捷和高效。

（二）科技的普遍应用

科技的普遍应用是现代科技文明的另一个重要特征。如今，科技已渗透到我们生活的方方面面，无论是工作、学习还是娱乐，科技都发挥着重要的作用。科技的普遍性不仅提高了我们的生活质量，也改变了我们的生活方式和社会互动方式。

二、现代科技文明对社会的影响

（一）社会结构的重塑

现代科技文明的发展改变了社会的基本结构。一方面，科技的进步提高了生产效率，使生产关系发生了深刻变化；另一方面，互联网和社交媒体的普及改变了人们的社交和信息传播方式。这些变化影响了社会的权力分配、资源配置和社会关系。

（二）信息和知识的共享

互联网的普及使信息和知识得以广泛传播。人们可以通过搜索引擎、社交媒体等途径轻松获取大量信息。这种信息共享模式提高了人们的知识水平，也使知识和信息的分布更加均衡。

三、现代科技文明对经济的影响

（一）成为经济增长的动力

现代科技文明是推动经济增长的重要动力。科技创新提高了生产效率，降低了生产成本，从而推动了经济的快速发展。此外，科技也催生了新的商业模式和经济增长点，如电子商务、在线教育等。

（二）促进经济的可持续发展

科技的发展也提高了资源的利用效率，为经济的可持续发展提供了支持。例如，新能源技术的发展使可再生能源得到广泛应用，降低了对传统化石能源的依赖；科技在农业中的应用提高了粮食产量，缓解了粮食安全危机。

四、现代科技文明对文化的影响

（一）文化的多元化和包容性

现代科技文明的发展促进了文化的多元化和包容性。互联网的普及使各种文化现象得以传播和交流，不同国家和地区的文化得以相互了解和尊重。这种多元化的文化氛围为创新提供了肥沃的土壤。

（二）艺术与科技的融合

科技的发展为艺术创作提供了新的手段和工具。数字艺术、虚拟现实艺术等新型艺术形式应运而生。这些艺术形式突破了传统的创作方式和表现形式，为艺术家培养和艺术创作提供了更多的可能性。

五、现代科技文明对人类生活的影响

（一）让生活更便利

现代科技文明的发展使我们的生活更加便利。例如，互联网和移动支付的普及使购物、出行、娱乐等活动更加便捷。此外，智能家居、远程办公等新型生活方式也越来越多地被人们所接受和使用。

（二）改变社交方式

社交方式的改变也是现代科技文明对人类生活的重要影响之一。互联网的普及使人们的社交方式发生了深刻变化。社交媒体、视频通话等新型社交方式使人们能够更方便地进行交流和互动。然而，这种社交方式的改变也带来了一些问题，如网络暴力、隐私泄露等。

六、现代科技文明对教育的影响

（一）促进教育的普及

现代科技文明的发展使教育更加普及和公平。互联网的普及使人们能够轻松获取各种教育资源，包括在线课程、远程教育等。这使得更多人有机会接受高质量的教育，提高了教育的公平性和普及程度。

（二）推动教育方式的创新

科技的发展也推动了教育方式的创新。例如，虚拟现实技术可以为学生提供沉浸式的学习体验，增强学生对知识的理解和记忆。人工智能技术也可以为个性化教育提供支持，使教育更加符合学生的需求。

七、现代科技文明对环境的影响

（一）增加环境保护的需求

现代科技文明的发展也增加了人们对环境保护的需求。随着人们对环境问题的关注度不断提高，科技在环境保护方面的应用也越来越广泛，例如，清洁能源技术减少了化石能源的消耗和环境污染；环保材料的应用也减少了废弃物的产生和对环境的破坏。

（二）提高环境监测和治理的能力

科技的发展提高了环境监测和治理的能力。通过卫星遥感、大数据等技术手段，可以对环境问题进行全面、精准的监测和分析，为环境治理提供科学依据和支持。此外，科技还可以为环境修复提供手段和方法，如土壤修复、水体治理等。

综上所述，现代科技文明的时代特征及其影响是复杂而深远的。科技的快速发展和广泛应用改变了我们的生活方式、社交方式、经济结构和文化形态。同时，科技也给我们带来了新的机遇和挑战。在享受科技带来的便利的同时，我们也应该认识到科技发展所带来的问题和挑战以及对传统文化的冲击和影响。为了更好地应对这些问题和挑战，我们需要进一步深化对现代科技文明的理解和研究，以充分发挥科技的潜力，推动社会的持续进步和发展。

第三节　传统与现代的冲突点与契合性

在当今社会，传统与现代的冲突与融合已经成为一个热门话题。随着科技的进步和全球化的推进，传统的价值观和生活方式受到了现代社会的冲击。然而，传统与现代并非完全对立，它们之间存在着一定的契合性和守正与创新的可能性。本节将探讨传统与现代的冲突点与契合性，以及守正与创新的意义。

一、传统与现代的冲突点

（一）价值观冲突

传统价值观强调忠诚、孝道、仁爱等美德，而现代价值观则更加注重个人自由、平等和竞争。这种价值观的冲突导致了人们在行为选择上的分歧，例如人们在家庭、工作和社会关系等方面面临的困难。

在家庭方面，传统的家庭观念强调家庭的重要性，注重家庭成员之间的亲情和互助。然而，现代社会中，越来越多的人追求个人自由和独立，导致家庭观念逐渐淡化。这种价值观的冲突使得一些人在追求个人自由的同时忽略了家庭的重要性，导致家庭关系紧张，由此而产生了系列家庭、社会问题。

在工作方面，传统的职业观念强调职业的稳定性和长期性，注重职业发展和晋升。然而，现代社会中，越来越多的人追求灵活性和创新性，导致职业观念逐渐改变。这种价值观的冲突使得一些人在追求创新和发展的同时忽略了职业的稳定性和长期性，导致职业发展不稳定。

在社会关系方面，传统的社会观念强调社会秩序和稳定，注重社会公正和公平。然而，现代社会中，越来越多的人追求个人利益和自由竞争，导致社会观念逐渐改变。这种价值观的冲突使得一些人在追求个人利益的同时忽略了社会的公正和公平，导致社会不公现象增多，为社会的和谐稳定带来了隐患。

（二）生活方式的改变

随着科技的发展，现代人的生活方式发生了巨大的变化。传统的农耕、手工艺等生产方式被现代化的机械、自动化技术所取代。这种生活方式的改变使得一些传统技能和知识逐渐失传，也使得一些人失去了传统的归属感和认同感。

在现代社会中，越来越多的人使用电子产品和互联网技术来获取信息和娱乐。这种生活方式的变化导致了人们对传统技能和知识的忽视，也使得一些人失去了对传统文化的兴趣和认同感。同时，这种生活方式的变化也带来了许多负面影响，例如沉迷网络、缺乏运动等。

（三）社会结构的变革

随着城市化、工业化的推进，社会结构发生了巨大的变革。传统的家族、社区等社会结构逐渐被现代化的国家、市场等所取代。这种社会结构的变革导致了人们在社会角色、权力分配等方面的变化，也使得一些人感到无所适从。

例如，传统的家族结构中，家族成员之间有着紧密的联系和相互支持的关系。然而在现代社会中，人们更多地依赖于国家和社会福利制度来获取支持和保障。这种社会结构的变革也带来了许多负面影响，例如人们失去了对家族和社区的归属感和认同感。

二、传统与现代的契合性

（一）文化传承

尽管现代社会对传统文化带来了冲击，但传统文化仍然具有重要的价值，它承载着民族的记忆和历史，是文化传承的重要组成部分。在现代化的过程中，我们应该尊重和保护传统文化，使其与现代社会相适应，共同推动文化的发展，如在中国传统文化中有着丰富的哲学思想、艺术形式和文学瑰宝。这些文化瑰宝不仅是中华民族的宝贵财富，也是全人类共同的文化遗产。在现代化过程中，我们应该加强对传统文化的保护和传承工作，通过教育、文化交流等方式让更多的人了解和认识传统文化，促进文化多样性的发展。

（二）道德规范

无论是传统还是现代社会，道德规范都是人们行为的重要准则。在现代化的过程中，我们应该继承和发扬传统的道德规范，如诚实、善良、尊重他人等。这些道德规范不仅有助于维护社会秩序，也有助于促进人与人之间的和谐关系，如在中国传统文化中强调"仁爱"思想，认为人与人之间应该互相帮助、关爱和尊重，这种思想在现代社会中仍然具有重要意义，它有助于促进人与人之间关系的和谐，减少社会矛盾和冲突，有利于维护社会的稳定和发展。

（三）创新精神

传统与现代并非完全对立，它们之间存在着一定的契合性。在现代化的过程中，我们应该借鉴和吸收传统文化的精髓，同时也要发扬创新精神推动社会的进步和发展，如在科技领域，我们可以借鉴传统的技艺和智慧创造出更加智能、环保的产品和服务；在教育领域，我们可以借鉴传统的教育理念和方法，结合现代科技手段，推动教育的改革和创新；在文化领域，我们可以借鉴传统的艺术形式和表现手法，创造出更加具有时代感和民族特色的文化产品。这些创新不仅有助于推动社会的进步和发展，也有助于提高人民的生活水平和幸福感。

三、守正与创新的意义

（一）维护文化多样性

守正与创新是维护文化多样性的重要手段。在现代化的过程中，我们应该尊重和保护不同民族、不同地区的传统文化，使其与现代社会相适应。同时，我们也要鼓励创新精神推动文化的多样性和发展，这样不仅可以促进文化的繁荣，也有助于维护社会的稳定和和谐。在中国，有着丰富多彩的地方文化和民族文化，如京剧、昆曲、湘剧、川剧等。这些传统文化都是中华民族的瑰宝，应该得到保护和传承。同时，我们也应该鼓励创新精神，推动这些传统文化与现代文化相融合，创造出更加具有时代感和民族特色的文化产品。

（二）推动社会进步和发展

守正与创新是推动社会进步和发展的重要动力。在现代化的过程中，我们应该继承和发扬传统的优秀文化，同时也要鼓励创新精神，推动社会的进步和发展。守正意味着在传承和弘扬优秀传统文化的基础上，保持文化的连续性和稳定性；创新则意味着在传统文化的基础上，进行创造性的转化和创新性的发展，为文化的传承注入新的活力和动力。只有守正与创新相结合，才能实现文化的传承与发展，推动社会的进步和发展。

（三）促进人与人之间的和谐关系

守正创新也是促进人与人之间的和谐关系的重要途径。我们应该尊重和保护每个人的权利和尊严；同时也要鼓励创新精神，推动社会的进步和发展；更要在实践中不断探索和创新社会治理方式和方法；最后还要加强国际交流与合作促进全球治理体系的完善和发展等方面的工作。这些工作不仅有助于维护社会的稳定；也有助于促进人与人之间的和谐关系；还有助于推动世界的和平与发展。

传统与现代之间存在着冲突点与契合性，守正与创新是推动文化和社会发展的重要手段。在现代化的过程中，我们应该尊重和保护传统文化，同时也要鼓励创新精神，推动文化的多样性和发展。通过守正与创新的方式，我们可以维护文化多样性、推动社会进步和发展、促进人与人之间的和谐关系。因此，我们应该在实践中不断探索和创新，推动传统与现代的融合与发展，为构建和谐社会、实现可持续发展作出贡献。

第二章 德治与法治思想的
产生、发展及应用

作为世界上最古老的文明之一，中华文明蕴藏着丰富的法治文化和政治哲学。其中，德治和法治思想的发展与演进，构成了中华民族国家治理的核心。这两种理念在中国历史的长河中交织发展，相互影响，形成了独特的法治文化。理解这两种理念的发展历程和相互关系，有助于我们洞察中国古代社会的治理模式、价值取向和道德伦理。

第一节 中国历史上德治和法治思想的产生及发展

在人类社会的治理中，德治和法治是两种基本的方式。德治强调的是道德教化和内心的约束，而法治则强调的是法律的权威性和强制性。本节将从理论意义和实践价值等方面讨论德治与法治的研究价值。

一、理论意义和实践价值

（一）揭示中国古代社会的治理模式和文化传统

德治和法治是中国古代社会治理国家的两种重要方式，对于揭示中国古代社会的治理模式和文化传统具有重要的价值。通过对德治和法治的发展历程和相互关系的深入研究，我们可以更好地理解中国古代社会的政治、法律和文化特点，为现代社会提供借鉴和启示。

（二）丰富和完善法律哲学和政治哲学理论

德治和法治作为治理方式，涉及法律哲学和政治哲学的理论问题。通过对德治与法治的研究，我们可以深入探讨道德与法律、个人与社会的相互关系，丰富和完善法律哲学和政治哲学理论。这有助于我们更好地理解现代社会的法律体系和政治制度，为实践提供理论指导。

（三）为现代社会治理提供启示和借鉴

德治与法治的发展演进为中国古代社会的治理提供了宝贵的经验和教训。在当代社会，面对各种社会问题和挑战，我们可以从德治与法治的发展中寻找启示和借鉴。例如，在构建和谐社会、促进公平正义、保护人权等方面，德治和法治的结合可以为现代社会治理提供有益的思路和方法。

（四）助力中国特色社会主义事业发展

中国特色社会主义是在实践中形成的。通过对德治与法治的研究，我们可以助力中国特色社会主义事业的发展。如在全面依法治国、推进社会主义核心价值观建设等方面，德治与法治的结合可以为中国特色社会主义建设提供有力的支撑。

德治与法治的研究价值不仅体现在理论上揭示中国古代社会的治理模式和文化传统，还体现在实践中为现代社会治理提供借鉴和启示，助力中国特色社会主义事业的发展。通过对德治与法治的发展演进和相互关系的深入研究，我们可以更好地理解中国古代社会的治理模式和文化传统。

二、德治思想的发展历程

（一）德治思想起源

德治思想起源于先秦时期，特别是儒家学派。孔子是儒家德治思想的代表性人物，他强调仁爱、忠恕、礼义，主张以德治国，强调统治者应以自身的道德修养和行为举止来影响和教化人民。他认为，一个君主应该是道德的典范，以自身的行为来推动社会的和谐发展。

在孔子的观念中，"德"涵盖了人的言行举止、品德修养和社会规范。他强调统治者应以身作则，引导人民行善、向善。同时，孔子也强调教育的重要性，认为通过教育可以培养人民的道德品质，进一步推动社会的和谐稳定。

（二）德治思想发展

秦统一六国后，法家思想占据了主导地位，但儒家强调的德治思想并未消失。汉武帝时期，董仲舒提出了"罢黜百家，独尊儒术"的主张，德治思想逐渐成为中国古代社会治理的主导思想。

董仲舒强调的德治思想，不仅强调君主的道德品质，也重视社会的和谐稳定。他主张以"仁爱"为核心，强调君民之间的相互责任和义务。同时，董仲舒也重视教育的作用，认为教育是培养人民道德品质的重要途径。

在宋明时期，儒家德治思想进一步发展，强调"天理"与"人欲"的矛盾，提倡通过内心的修养和外在的礼仪来达到社会的和谐稳定。这一时期的儒家学者也更加重视道德教育，认为教育是治国之本，能够培养人民的道德品质和社会责任感。

三、法治思想的演进脉络

（一）法治思想的起源

与德治思想不同，法治思想在中国历史上出现的时间较晚。法家思想起源大约在战国时期，以商鞅、韩非等人为代表。他们主张以法律为工具管理社会，维护社会秩序和公平正义。法家主张，法律是社会管理的基石，应该具有至高无上的权威。同时，法家也强调惩罚的作用，通过对违法者的惩罚来维护社会的稳定。在秦朝时期，秦始皇采纳了法家的主张，强调法律在治理国家中的重要作用。法家认为，法律是维持社会秩序、保证公平正义的基石，应该被严格执行。

（二）法治思想的发展

汉朝时期是法治思想发展的重要阶段。汉武帝推行法治，强调法律的权威性和强制性。这一时期出现了许多重要的法律思想和法律制度，如"秋冬行刑""法律儒家化"等。

汉武帝时期的"法律儒家化"，是将儒家思想融入法律体系的一种尝试。通过这种方式，法律不仅具有了强制性，也具有了道德性。

四、德治与法治的相互关系

（一）德治与法治的差异和互补

在中国历史上，德治和法治并不是对立的，而是相互补充的。德治强调的是道德教化和内心的约束，法治则强调的是法律的权威性和强制性。在实践中，德治和法治常常是相辅相成的。一个理想的治理方式应该是以德治为主，以法治为辅。

这种互补性在中国古代社会表现得尤为明显。在明朝时期，朱元璋推行"重典治世"的政策，强调法律的严格实施和惩罚的严厉性。然而，他也非常注重道德教育，认为只有通过内在的修养和外在的礼仪才能真正实现社会的和谐稳定。因此，在明朝时期，德治和法治并不是相互排斥的，而是相互补充的。

（二）德治与法治的统一与转化

随着历史的发展，德治和法治的地位和作用也在不断变化。在某些时期，德治被视为主要治理方式，而在某些时期，法治被视为主要治理方式。这种转化性反映了中国古代对于治理方式的探索和实践的不断深入。例如，在宋朝以后，由于社会环境的变化和儒家学派的复兴，德治再次受到重视，成为主导的治理方式。而在明朝时期，由于朱元璋对法家的重视，法治再次受到重视，成为主导的治理方式。

这种转化性也反映了中国古代对于治理方式的不同理解。在某些时期，人们认为德治是更为理想的治理方式，因为它可以通过道德教化和引导来促进社会的和谐稳定。而在其他时期，人们则认为法治是更为实用的治理方式，因为它可以通过强制力和惩罚来维护社会的秩序。

中国历史上德治和法治思想的发展演进是一个复杂的过程。这两个概念既相互独立又相互补充，是中国古代政治、法律和文化的重要组成部分。通过深入探讨这两个概念的发展历程和相互关系，我们可以更好地理解中国古代社会的治理模式和文化传统，为现代社会提供借鉴。同时，我们也可以看到中国古代对于治理方式的探索和实践的不断深入。无论是德治还是法治，都有其优点和局限性。德治可以促进社会的和谐稳定和人民的自我约束；而法治可以保证社会的秩序和公平正义。因此，一个理想的治理方式应该是以德治为主，以法治为辅，相互补充，共同作用。

此外，我们也可以从中国历史上德治和法治思想的发展演进中得到一些启示。首先，我们应该重视道德教育和文化传承，培养人民的道德品质和社会责任感。其次，我们也应该重视法律的制定和实施，保证社会的秩序和公平正义。最后，我们应该探索适合中国国情的治理方式，推动中国特色社会主义事业的发展。

总之，中国历史上德治和法治思想的发展演进是一个值得我们深入研究和思考的话题。通过对其发展历程和相互关系的探讨，我们可以更好地理解中国古代社会的治理模式和文化传统，为现代社会提供启示和借鉴。

第二节　中国高校德育和法治教育发展主线

随着社会的快速发展，我国高校教育已经从单纯的知识传授向全面提高学生的综合素质转变。其中，德育和法治教育是高校教育的重要组成部分，对于培养具有高尚品德、遵纪守法的社会主义建设者和接班人具有重要意义。本节将探讨我国高校大学生德育和法治教育的发展主线，以期为相关领域的发展提供一些有益的参考。

一、我国高校大学生德育教育的发展

（一）德育教育理念的转变

我国高校德育教育理念经历了从"知识本位"向"人本位"的转变。过去，德育教育过于注重知识的传授，而忽视了学生的主体性。现在，越来越多的高校开始注重学生的主体地位，关注学生的成长需求，强调德育教育的实践性和实效性。

（二）德育教育内容的创新

随着社会的发展，高校德育教育的内容也在不断创新。除了传统的思想道德教育，现在还增加了心理健康教育、生态文明教育、国家意识教育等方面的内容。这些新内容的加入，使德育教育更加贴近现实，更具针对性和实效性。

（三）德育教育方法的改进

高校德育教育的方法也在不断改进。从传统的课堂讲授向多种教学方法的综合运用转变，如案例分析、小组讨论、角色扮演等。这些方法的运用，使德育教育更加生动有趣，更能激发学生的学习兴趣。

二、我国高校大学生法治教育的发展

（一）法治教育课程的完善

近年来，我国高校法治教育课程不断完善。除了传统的法律基础课外，现在还增加了"宪法""刑法""民法"等专项法律课程。这些课程的设置，使学生能够全面了解我国的法律体系，掌握基本的法律知识。

（二）法治教育理念的深化

随着依法治国理念的深入人心，我国高校法治教育的理念也在不断深化。从过去的注重法律知识传授向注重法律意识培养转变，强调学生的法律信仰和法律素养。这种理念的转变，对于培养学生的法治观念和法律意识具有重要意义。

（三）法治教育实践的强化

为了提高学生的法律实践能力，我国高校现在越来越重视法治教育的实践环节。通过模拟法庭、法律援助、法律咨询等实践活动，使学生能够将所学法律知识运用到实践中，提高他们的法律实践能力。

三、我国高校大学生德育与法治教育的融合发展

（一）德育与法治教育的相互促进

德育和法治教育是相互促进的。一方面，德育教育可以帮助学生树立正

确的价值观念，增强他们的道德素养；另一方面，法治教育可以为学生提供具体的法律知识和实践机会，帮助他们更好地理解和遵守法律规定。

（二）德育与法治教育融合的必要性

在现实生活中，很多违法行为都源于道德缺失或价值观扭曲。因此，将德育与法治教育融合起来，可以更好地培养学生的道德品质和法律素养，帮助他们成为品德高尚、遵纪守法的社会主义建设者和接班人。

（三）德育与法治教育融合的途径和方法

为了实现德育与法治教育的融合发展，高校可以采取以下途径和方法：

1. 课程设置和教材建设

在课程设置方面，高校可以将德育和法治教育的内容有机地结合在一起。例如，在思想道德修养课程中，可以加入法律常识和法律观念的教育；在法律基础课程中，可以融入道德教育和价值观的培养。此外，还可以开设专门的德育与法治教育融合课程，如"道德与法律""德法同行"等。

在教材建设方面，高校可以组织专家和学者编写适用于德育与法治教育融合的教材。教材内容应注重道德与法律的内在联系，强调二者在实践中的运用。同时，教材应该具有时代性和针对性，紧密结合当前社会的热点问题和现实需求。

2. 师资队伍建设

高校应加强师资队伍建设，提高教师的德育和法律素养。教师是实施德育和法治教育的重要力量，他们的思想和行为对学生具有很大的影响。因此，教师应具备高尚的道德品质和强烈的法律意识，能够以身作则、为人师表。

高校可以采取以下措施加强师资队伍建设：一是加强教师的德育和法律培训，提高他们的专业素养；二是鼓励教师开展德育和法治教育的研究工作，促进学术交流和经验分享；三是建立德育和法治教育奖励机制，表彰优秀的教师和教育成果。

3.实践教学环节

实践教学是德育和法治教育融合的重要环节。通过案例分析、角色扮演、模拟法庭等实践教学活动，可以让学生将所学知识运用到实际情境中，加深对德育和法律的理解和掌握。例如，在"思想道德修养"课程中，教师可以选取一些真实的案例进行讨论和分析。通过案例分析，学生可以更深入地理解道德原则和价值观在实际问题中的应用。在"法律基础"课程中，教师可以组织模拟法庭活动，让学生扮演不同的角色，模拟办理真实的法律案件。通过模拟法庭，学生可以更好地理解法律规定和程序，提高法律实践能力。

4.校园文化建设

校园文化建设是德育和法治教育融合的重要途径。高校应营造良好的校园文化氛围，让学生在潜移默化中受到德育和法治教育的熏陶。

高校可以采取以下措施加强校园文化建设：一是举办德育和法治教育主题讲座、研讨会等活动，引导学生积极参与讨论；二是鼓励学生社团开展与德育和法治教育相关的活动，如法律知识竞赛、道德讲座等；三是加强校园媒体宣传，通过校报、广播、网络等渠道宣传德育和法治教育的内容和成果；四是营造良好的校风学风，树立正确的价值导向，让学生在潜移默化中受到德育和法治教育的影响。

5.社会实践和社会服务

社会实践和社会服务是高校德育和法治教育的重要环节。通过参与社会实践和社会服务活动，学生可以将所学知识运用到实际工作中，同时也可以增强社会责任感和使命感。

高校可以采取以下措施加强社会实践和社会服务：一是组织学生参加志愿服务、社区服务等社会实践活动；二是鼓励学生参与学校周边社区的法律援助活动；三是推荐学生参加国家组织的各类志愿服务和实践活动项目等。通过这些活动让学生深入社会基层了解实际情况、接触实际问题，开阔眼界，增长知识，认识人生，磨炼意志，在实践中不断探索进而明确自己的成才目标，学会做人，学会做事，学会学习，学会与人相处，为实现自己的人生价值和顺利走上社会打基础。

第三节　中国高校德育和法治教育成效及不足

德育教育是高等教育的重要组成部分，对于培养社会主义合格公民、传承中华优秀传统文化、促进学生全面发展具有重要意义。另外，随着中国法治建设的不断推进和教育改革的深入进行，法治教育在高校中的地位也逐渐提升。中国高校在德育和法治教育方面进行了积极探索和实践，取得了一定的成效，通过阅读文献综述和实地调查，发现高校在德育和法治教育方面也存在教育内容单一、方法陈旧、师资力量不足等问题。

一、高校德育和法治教育取得的成效

（一）德育教育实施成效

中国高校一直重视德育教育，将其贯穿于人才培养的全过程。高校通过开设思想政治理论课程、举办丰富多彩的校园文化活动和社会实践活动等方式培养学生的社会主义核心价值观和道德品质，进一步增强学生的道德认知和行为习惯。然而，由于传统教育观念的影响，德育教育在实施过程中仍存在一定程度的重知识传授、轻能力培养的问题。

1. 德育课程设置

目前，中国高校普遍开设了思想政治理论课程，包括"马克思主义基本原理""毛泽东思想和中国特色社会主义理论体系概论"等。这些课程旨在引导学生树立正确的世界观、人生观和价值观，培养学生的社会责任感和公民意识。此外，高校还开设了心理健康教育、职业道德教育等相关课程，以全面提升学生的道德素质。

2. 德育实践活动

高校重视德育实践活动的开展，通过志愿服务、社会实践、创新创业等活动，让学生在实践中体验德育的深刻内涵。这些活动不仅提高了学生的社会责任感和实践能力，也促进了学生德育素质的提升。

3.德育师资力量

高校德育师资力量逐渐增强，许多教师具有丰富的教学经验和深厚的学术素养。他们通过课堂教学、课外辅导等方式，引导学生树立正确的道德观念，培养学生的道德品质。

（二）法治教育实施成效

随着法治中国建设的不断推进，高校法治教育逐渐受到重视。目前，大多数高校都将法治教育纳入课程体系，通过法律基础课程、模拟法庭、法律咨询等形式，向学生普及法律知识，培养法律意识和法治精神。然而，由于法治教育资源有限、师资力量不足等原因，法治教育的效果并不理想。

1.法治课程设置

中国高校普遍开设了法律基础课程，如"法理学""宪法学""民法学"等。这些课程旨在让学生了解基本的法律知识和法治精神，培养学生的法治意识和法律素养。此外，高校还开设了与专业相关的法律选修课程，以满足学生不同的学习需求。

2.法治实践活动

高校注重法治实践活动的开展，通过模拟法庭、法律援助、法治讲座等方式，让学生在实践中了解法律的应用和法治的重要性。这些活动不仅提高了学生的法律实践能力，也增强了学生的法治意识。

3.法治师资力量

高校法治教育的师资力量逐渐增强，许多教师具有法律专业背景和丰富的教学经验。他们通过课堂教学、案例分析等方式，帮助学生理解法律知识，培养学生的法治思维。

二、高校德育和法治教育存在的问题和不足

教育内容方面：德育和法治教育的内容相对单一，缺乏与现实生活紧密相连的案例分析和实践应用。这导致学生对德育和法治教育的兴趣不高，难

以形成深刻的理解和认识。

教育方法方面：部分高校仍然沿用传统的灌输式教育方法和单一的教学模式，缺乏创新性和互动性。这种教育方式难以激发学生的学习兴趣和积极性，影响了教育效果的提升。

师资力量方面：虽然高校德育和法治教育的师资力量有所增强，但仍存在部分教师缺乏实际经验和专业素养的问题。这导致教育过程中出现的问题无法得到及时有效的解决，影响了教育质量的提升。

三、改进建议

（一）加强课程创新

高校应根据社会发展和学生需求，不断调整和优化德育和法治教育的课程体系。通过引入典型案例、加强实践教学、开展跨学科课程等方式，丰富教育内容，提高教育实效。同时，高校还应注重课程内容的更新和完善，确保教育内容的时效性和针对性。

（二）改进教育方法

高校应摒弃传统的灌输式教育方法，采用多样化的教学手段和方式。例如，可以通过案例分析、小组讨论、角色扮演等方式激发学生的学习兴趣和积极性。此外，高校还可以利用现代信息技术手段，如在线教育、虚拟仿真等，创新教育方式和方法，提高教育效果。

（三）强化师资建设

高校应加大对德育和法治教育师资的投入力度，加强对教师的培训。通过定期举办培训班、邀请专家学者进行讲座等方式，提高教师的专业素养和实践能力。同时，高校还应积极引进具有丰富实践经验的法律专业人士担任兼职教师或客座教授，充实教育力量。

（四）丰富实践环节

高校应注重德育和法治教育的实践环节，通过组织模拟法庭、法律援助、社会调查等实践活动，让学生亲身参与、亲身体验。这不仅可以增强学生的实践能力、法治意识，提高教育的针对性和实效性，还可以帮助学生更好地理解和应用所学知识。此外，高校还可以与社区、企业等合作开展实践活动，为学生提供更多的实践机会和平台。

综上，通过实施德育和法治教育，高校在一定程度上提升了学生的道德素质和法治意识。学生们更加关注社会热点问题，积极参与志愿服务等社会实践活动，展现出了良好的社会责任感和公民意识。同时，学生们的法律知识水平得到了提高，能够运用法律知识解决实际问题，为维护社会公平正义作出了贡献。高校在德育和法治教育方面取得了一定的成效，但仍存在诸多不足。为了进一步提高教育质量和效果，高校应加强对课程创新、师资队伍、实践环节等方面的改进。同时，政府和社会各界也应给予更多的关注和支持，共同推动高校德育和法治教育的健康发展。

第三章　当代大学生网络道德行为现状、
困境及原因分析

　　随着互联网的普及和信息技术的快速发展，网络已经成为人们日常生活的重要组成部分。当代大学生作为网络使用的主力军，其网络道德行为特点和趋势对于社会的健康发展具有重要影响。本部分将深入探讨当代大学生网络道德行为相关内容，以期为引导大学生树立正确网络道德观念提供参考。

第一节　当代大学生网络道德行为特点和趋势

　　随着互联网的快速发展和普及，大学生群体成为网络的主要使用者之一。然而，网络作为一个虚拟世界，也带来了一系列的道德问题和挑战。本节将探讨当代大学生网络道德行为的特点和趋势，并分析其背后的原因和影响。

一、大学生网络使用特点

　　大学生作为社会和时代的精英分子，具有思维活跃、接受能力强、适应性强等特点，对于网络的认识与使用也有其显著特征，表现在如下方面：

（一）资源分享意识强

大学生热衷于分享自己的学习资源和经验，他们在网络上发布课件、笔记、教学视频等，为其他同学提供学习帮助。

大学生在网络上形成了资源分享的意识，他们经常发布自己整理的学习资料和笔记，分享自己的学习经验和学术见解。这种资源分享行为不仅为其他同学提供了学习帮助，也促进了知识的传播和共享。

（二）社交互动行为活跃

大学生善于利用社交媒体与他人建立联系和交流，通过微博、微信、QQ等平台分享自己的生活、观点和情感。这种社交互动行为使得大学生的社交范围更加广泛，他们与远在他乡的朋友保持联系，与志同道合的人形成群体，通过网络拓展自己的社交圈子。

（三）网络素养提升迅速

大学生注重培养自身网络素养，努力提高信息检索、数据分析、网络安全等方面的能力，以更好地利用网络资源。面对海量的网络信息和复杂的网络环境，大学生意识到提高自己的网络素养的重要性。他们主动学习和了解网络相关知识，培养网络素养，以更好地服务于学习和工作。

（四）对网络游戏依赖性强

部分大学生对网络游戏产生过度依赖，长时间沉迷其中，影响学业和生活。虽然网络游戏作为一种娱乐方式，可以带给大学生快乐和放松，但这种对网络游戏的过度依赖严重影响了大学生的学业和生活，甚至导致了一些社会问题。

（五）网络欺凌行为多

一些大学生在网络上做出恶意攻击、人肉搜索等行为，给他人造成不良影响，不仅损害了他人的声誉和权益，也违背了网络道德规范。

（六）使用广泛频繁

大学生是网络的主要使用群体之一，使用网络的频率较高，时间较长。他们使用网络进行学习、娱乐、社交等各种活动。大学生是互联网的主要受益群体之一，他们几乎所有的学习和娱乐活动都离不开网络。无论是查找资料、写作报告，还是观看短视频、听音乐，很多大学生都会使用互联网来满足自己的需求。此外，大学生也通过网络来进行社交活动，通过社交媒体平台与朋友交流、分享生活点滴。

（七）多平台使用

随着移动设备的普及，大学生不再局限于使用电脑上网，而是通过手机、平板等移动设备随时随地上网，这使得他们更加便利地进行各种网络活动，无论是在教室、寝室、图书馆还是咖啡厅，都可以与网络保持连接。

（八）需求多元化

大学生使用网络的目的不仅仅是获取信息，还包括表达自己、社交互动等多元化的需求。他们通过社交媒体平台分享自己的生活、观点和情感，通过博客、微信公众号等平台展示自己的才华和创意。此外，大学生也通过网络来获取知识和经验，参与在线教育、讨论社区等活动，拓宽自己的视野和提高学习能力。

二、大学生网络道德行为趋势

（一）个人信息保护意识增强

随着网络安全问题的日益突出，大学生保护个人信息的意识逐渐增强。面对网络安全问题的威胁，大学生逐渐意识到保护个人信息的重要性，在网上不轻易透露个人敏感信息，避免自己的个人隐私被泄露。同时，他们也会关注网络平台和服务提供商的数据安全措施，选择可信的平台和应用，保护自己的网络安全。

（二）注重遵循网络伦理规范

大学生越来越多地接受并遵循网络行为的伦理规范，形成良好的网络道德观念。一方面，大学生会更加注重自身的网络行为，遵守网络礼仪，尊重他人的权益和隐私。他们会注意言辞的选择和表达方式，在网络上积极传播正能量，避免恶意攻击和辱骂他人。另一方面，大学生也会更加关注网络中的公共利益和社会责任。他们积极参与网络公益活动和社会问题的讨论，通过网络传递正能量，推动社会的进步和发展。他们会关注网络诈骗、网络暴力等问题，并积极参与网络安全和法律法规的宣传教育。

综上所述，当代大学生网络道德行为的特点和趋势受到多种因素的影响，包括技术的发展、社会的变革和个人的成长。大学生作为网络时代的主要参与者，应当注重自身的网络道德素养，积极践行网络道德准则，为构建和谐网络环境作出积极贡献。同时，学校、家庭、社会等各方面也应加强对大学生网络道德的教育和引导，共同推动网络伦理规范的建立和实施，共同维护网络的秩序和健康发展。

第二节　当代大学生网络道德行为问题的类别与表现

互联网的快速发展，网络法规的不健全，加之使用群体素质的参差不齐共同导致了网络不良行为和现象的发生。本节将详细介绍当代大学生网络道德行为的问题类别与表现，并分析这些问题背后的根源及其相关影响。

一、信息传播方面的问题

（一）虚假信息传播

一些大学生在网络上故意传播虚假信息，包括谣言、不实报道等。一些大学生出于个人目的或者追求短期利益，故意传播虚假信息。这些虚假信息可能是无根据的传闻、夸大事实的报道，甚至是完全捏造的内容。这种行为不仅欺骗了其他人，还可能引发社会舆论的波动，产生恶劣的社会影响。

（二）盗用他人作品

随着资源获取的便利化，少数大学生法律意识淡薄，在网络上以自己的名义发布他人的作品，或者未经授权使用他人的作品。这种行为不仅严重侵犯了他人的知识产权、损害了他人正当权益，违背了公平竞争的原则，也破坏了网络环境的公平和健康。

（三）不当信息传播

不当信息传播是当代大学生网络道德行为的另一个严重问题。一些大学生在网络上传播色情、暴力、恶俗等不良内容，从而对社会产生负面影响，不仅违背了社会公德和道德伦理，还对青少年的身心健康和社会的健康发展带来了潜在威胁。

二、个人隐私保护方面的问题

（一）盗取个人信息

通过网络技术手段，非法获取他人的个人信息，包括手机号码、银行账号、身份证号等，然后用于达到非法目的，比如进行诈骗、冒充身份等。这种行为侵犯了他人的隐私权，可能导致个人财产和安全的损失。

（二）不当公开私密内容

少数大学生在网络上公开他人的私密内容，包括聊天记录、照片、视频等。这种行为违背了对他人的基本尊重和关爱、侵犯了他人的隐私权。

（三）侵犯个人形象权

侵犯个人形象权的现象也偶有发生。个别大学生在网络上发布他人的不当照片或视频，对他人的形象进行损害，不仅侵犯了他人的形象权，也对他人的尊严和自尊心造成了伤害。

三、社交行为方面的问题

（一）网络欺凌

少数大学生在网络上进行恶意攻击、辱骂、人肉搜索等行为，对他人进行网络欺凌。这种行为不仅侵犯了他人的权益，对个人造成了伤害，也违背了网络道德规范，对社会网络环境产生了负面影响。

（二）网络沉迷

一些大学生对网络社交媒体产生过度依赖和沉迷。这种行为不仅影响了他们的学习和生活，也对身心健康产生了负面影响。

（三）不当言论传播

一些大学生在网络上发布不当言论，包括歧视、辱骂、恶意攻击等，对他人进行恶意诋毁和侮辱。这种行为不仅违背了网络文明和道德规范，也对社交环境产生了负面影响。

四、原因分析

（一）缺乏网络道德教育

部分大学生在网络道德方面的问题，与缺乏系统、全面的网络道德教育有关。他们对网络道德的认识和理解出现明显缺失和偏差，不清楚什么是正确的网络行为和道德规范，导致容易陷入道德困境。

（二）社会文化影响

社会上存在一些以攀比、炫耀、拜金主义、流量为王等为主导的价值观，这也会影响到大学生在网络中的行为表现。一些大学生受到这些社会文化的影响，过分追求个人利益，忽视了道德和伦理的重要性。

（三）匿名性和虚拟性的影响

网络的匿名性和虚拟性使得一些大学生在网络中感觉没有责任和后果。这种感觉导致他们更容易放纵自己的行为，无视道德规范和他人权益。

（四）个人心理和人格因素

少数大学生在网络道德行为上的问题，可能与个人心理和人格因素有关。例如，一些人可能出于攻击性、报复心理或者寻求自我满足的动机，从而进行恶意攻击、辱骂等行为。

五、影响及对策

当代大学生网络道德行为问题的存在，对个人、社会和网络环境都产生了负面影响。个人的隐私权、形象权等权益受损，社会的公共道德意识下降，网络环境安全和秩序也受到一定程度的威胁。针对当代大学生网络道德行为问题，应采取以下对策。

（一）加强网络道德教育

在数字化时代，加强大学生群体的网络道德教育显得尤为重要。这不仅关乎个体品德的塑造，更是构建健康网络生态的基石。网络道德教育应强化诚信、尊重、责任等价值观，引导大学生树立正确的网络观念和行为规范。网络作为大学生获取信息、交流思想的重要平台，直接影响到大学生的成长和社会风气的形成。因此，必须重视并加强大学生网络道德教育。首先，要引导大学生树立正确的网络道德观念，明确网络行为规范和道德底线，自觉遵守网络道德准则。通过开设网络道德教育课程、举办相关讲座和活动，提高大学生对网络道德的认识和重视程度。其次，要加强网络道德教育与实践的结合，鼓励大学生在网络空间中展现积极向上的精神风貌，传播正能量，抵制不良信息。再次，要加强对大学生网络行为的监督和管理，对违反网络道德规范的行为进行及时纠正和惩处。最后，要建立健全网络道德教育机制，形成学校、家庭、社会共同参与的合力。学校应发挥主阵地作用，家庭应履行监护职责，社会应营造良好氛围，共同推动大学生网络道德教育的深入开展。

（二）推动网络伦理规范的建立

推动网络伦理规范的建立，是维护网络空间健康、有序发展的必然选择。随着互联网的迅猛发展，网络空间日益成为信息交流、文化传播、社会交往的重要平台。然而，网络空间的匿名性、开放性等特点也带来了一系列伦理道德问题，如网络暴力、信息泄露、网络欺诈等。为了解决这些问题，我们必须推动网络伦理规范的建立。这要求大学生在尊重网络自由、保护个人隐私的基础上，明确网络行为的底线和准则，倡导诚信、友善、尊重的网络交往方式。同时，要加强网络法律法规建设，将网络伦理规范纳入法律框架，为网络空间的健康发展提供有力保障。此外，社会各界应共同参与网络伦理规范的制订和推广，形成合力。媒体、教育机构、企业等应发挥各自优势，加强网络伦理教育，增强公众的网络道德意识。还要加强网络伦理规范的宣传教育，引导大学生遵守规范，形成良好的网络道德风尚。只有全社会共同努力，才能推动网络伦理规范的建立，为网络空间的健康、有序发展奠定坚实基础。

（三）提升个人网络安全意识

提升大学生的网络安全意识，是应对当前复杂多变的网络环境、保护个人信息安全的重要一环。随着网络技术的快速发展，网络攻击手段日益多样，个人信息安全面临着前所未有的挑战。因此，要教育引导大学生提高警惕，增强网络安全意识。首先需要了解网络安全的基本知识，如密码安全、防范网络诈骗、保护个人隐私等。同时要引导大学生学会识别网络风险，不轻信不明来源的信息，不随意点击可疑链接，不随意下载未知来源的软件。此外，还要教育大学生养成良好的网络使用习惯，定期更新密码，使用强密码策略，启用网络安全防护软件，避免在公共网络环境下进行敏感操作。同时，提醒大学生加强个人信息保护，不随意泄露个人敏感信息，如身份证号、银行卡号等。总之，提升个人网络安全意识是保护个人信息安全的重要措施。我们每个人都应该加强学习，提高警惕，共同营造一个安全、可信的网络环境。

（四）加强监管和执法力度

在数字化时代，加强网络监管和网络犯罪执法力度已成为维护网络安全、保障公民权益的迫切需求。随着网络技术的迅猛发展，网络犯罪的形式日趋复杂多样，如电信诈骗、网络诈骗、侵犯知识产权等，这些行为可能会给网民和社会带来安全隐患和经济损失。为了有效应对大学生网络犯罪，需要从监管和执法两个维度加大力度。首先，公安等安全职能部门要加强网络监管，完善网络安全法规，建立校地协同监管机制，确保网络空间的安全有序。其次，要提升网络犯罪执法能力，加强执法队伍建设，提高执法人员的专业水平和技能，确保对在校大学生网络犯罪行为进行精准打击。通过加强网络监管和网络犯罪执法力度，能够有效遏制大学生网络犯罪的发生，保护广大网民合法权益，为网络空间的健康发展提供有力保障。

（五）建立积极向上的网络文化

建立积极向上的大学生网络文化，是当下高等教育面临的重要任务。随着信息技术的迅猛发展，网络已成为大学生学习、生活、交流的重要空间。为了营造健康、和谐、富有活力的网络文化环境，需要从多方面着手。首先，高校应加强对大学生网络行为的引导和教育，倡导网络文明，抵制网络暴力，传播正能量。通过举办网络文化节、网络知识竞赛等活动，提高大学生对网络文化的认知度和参与度。其次，学校应建立健全网络文化管理机制，加强对校园网络平台的监管，确保信息的真实性和健康性。再次，鼓励大学生自主创作网络文化作品，如微电影、短视频、网络文学等，展示大学生的青春活力和精气神。最后，社会各界也应积极参与大学生网络文化的建设，提供优质的网络学习资源和文化产品，丰富大学生的网络生活，努力构建一个充满正能量、健康向上的大学生网络文化，为大学生的全面发展提供有力支撑。

综上，当代大学生网络道德行为存在着一系列问题，包括信息传播、个人隐私保护和社交行为等方面的问题。这些问题对个人、社会和网络环境可能都会带来负面影响。针对这些问题，应加强网络道德教育，推动网络伦理规范的建立，提升个人网络安全意识，加强监管和执法力度，建立积极向上的网络文化。只有通过共同努力，才能促进大学生网络道德行为的改善，营造一个和谐、健康、安全的网络环境。

第三节　当代大学生网络道德行为问题原因分析

随着互联网的普及和发展，大学生成为网络的主要使用群体之一。然而，当代大学生网络道德行为问题也随之日益突出，给个人、社会和网络环境带来了一定的负面影响。本节将从多个角度对当代大学生网络道德行为问题的原因进行探究。

一、个人因素

（一）道德观念的缺失

当代有些大学生存在道德观念缺失的问题。这可能是因为学校和家庭在道德教育方面的不足，没有给予大学生充分的道德教育，导致他们对道德规范缺乏清晰的认识和充分的理解。

道德观念缺失导致大学生在网络空间中缺乏自我约束。网络环境的匿名性和虚拟性使得部分大学生在言行上过于随意，忽视了对他人和社会的尊重，可能会出现在网络上散布谣言、恶意攻击他人，甚至参与网络欺凌等现象。道德观念缺失在一定意义上也源自于大学生价值观的变化。在全球化背景下，各种观念、文化相互碰撞造成大学生价值观呈现多元、多变的特点，还有一些大学生受到不良信息的影响，对网络道德的认知产生偏差，甚至认为网络空间是"法外之地"，因而产生了网络道德观念方面的问题。

（二）贪婪自私心态

一些大学生在网络世界中有着贪婪和自私的心态，过度追求个人利益而做出一些违背道德和伦理原则的行为。一方面，个人贪婪心态在无约束感的网络环境中得到扩张释放。网络学习资源的丰富性和廉价便捷性使得部分大学生在面对利益诱惑时，难以抗拒内心欲望的驱使。如在科研方面，一些大学生有可能通过随意复制、剽窃他人学术成果，或利用虚假评价骗取信任非法获利。在贪婪心态驱使下，他们往往忽视网络道德和法律法规的约束而走上违法违规的道路。另一方面，自私心态也是导致网络道德行为问题的诱因。在虚拟网络世界中，网络参与的匿名性和自由性使得一些大学生强化了自我中心意识，过度关注自身利益和个人需求，忽视他人感受，甚至侵犯他人权益。如可能随意评论他人、肆意发泄不满情绪甚至恶意攻击他人；在资源共享方面，只考虑自己而不顾及资源的可持续性。

（三）报复或其他心理因素

个人心理因素也会对大学生网络道德行为产生影响。一些大学生可能因为攻击报复心理或自我满足等原因，对他人进行恶意攻击、辱骂，这可能与其个人成长经历、人格特征和社会环境等有关。首先，心理发展规律决定了大学生对外界信息的高度敏感性和探索欲，他们乐于了解新事物，追求个性化和自我表达，但也可能因缺乏辨识能力而陷入道德困境。在网络空间中，由于匿名性和距离感，一些大学生可能更容易放纵言行，忽视道德约束。其次，心理压力也是导致一些大学生出现网络道德行为问题的因素。来自学业、就业和人际关系等各方面的压力都有可能给大学生带来消极影响。为了寻求心理慰藉和情感释放，他们有可能在虚拟网络世界做出不当言行，以宣泄情绪或寻求认同。此外，网络成瘾也是影响大学生网络道德行为的一个重要心理因素。不少大学生沉迷于网络游戏、社交媒体等，无法自拔。他们可能会因为追求游戏感官刺激而忽视现实生活中的道德规范和社会责任。

二、社会文化因素

（一）社会价值观的影响

首先，多元文化的冲击使得社会价值观日益复杂。随着全球化日益加深，不同文化、思想在网络世界碰撞激荡，在为大学生提供了更广阔的视野的同时也带来了价值观上的困惑和冲突。一些大学生在面对纷繁复杂的信息时，由于缺乏足够的辨识能力，容易受到社会上一些以攀比、炫耀、不劳而获、拜金、暴力等不良价值观影响，盲目追求炫耀和个人利益，忽视了社会道德和网络伦理。网络空间在一定程度上也存在着滋生对个人成功、名利盲目追求思想的土壤。其次，功利主义思想盛行加剧了大学生网络道德行为问题的产生。部分大学生过分追求个人利益，将网络视为实现个人目标的工具，甚至不惜采用欺诈、造谣等手段来获取利益。这种功利主义的心态不仅违背了网络道德的基本原则，也对社会的和谐稳定造成了威胁。

（二）社交网络的影响

社交网络在提供广泛交流和信息分享便利的同时也带来了一些负面影响。一些大学生可能会无视道德规范和他人权益，做出违反网络和社会道德规范，甚至是违法的行为。首先，社交网络的匿名性为大学生提供了"隐身"的空间。在这种环境下，部分大学生可能放松了对自我的约束，表现出与现实世界截然不同的行为模式，如发布不实信息、恶意攻击他人等，这些行为在一定程度上反映了网络道德意识的缺失。其次，社交网络的互动性加剧了信息传播的速度与广度。一条不负责任的信息，可能在短时间内被大量转发和扩散，产生巨大的社会影响。而大学生作为社交网络的活跃用户，往往成为这些信息的传播者和接受者，他们的网络道德行为直接关系到信息的真实性和健康性。再次，社交网络的娱乐性也可能导致大学生对网络道德行为的忽视。在追求娱乐和刺激的过程中，一些大学生可能不自觉地忽略了网络行为的规范性和道德性，如参与网络赌博、观看和传播不良信息等。

（三）社会监管的不足

在探讨当代大学生网络道德行为问题的原因时，社会监管不足是一个不容忽视的因素。随着互联网的迅猛发展，网络空间日益复杂，对网络行为的监管却显得相对滞后，这在很大程度上导致了大学生网络道德行为问题的出现。网络空间的匿名性和虚拟性增加了监管的难度。大学生在网络上的行为往往难以被直接观察和追踪，这使得一些不道德行为得以滋生和蔓延。监管部门在收集证据、调查取证等方面也面临着诸多困难。而法律法规不健全又是社会监管无法及时跟进的重要原因。虽然我国已经出台了一系列关于网络安全的法律法规，但在网络道德行为方面的规定仍然相对较少，且存在滞后性。这使得一些大学生的网络行为在法律上难以得到明确界定和约束，从而加剧了网络道德问题的出现。此外，监管部门执行力度不足，监管过程中执法不严、管理不善等问题共同导致了监管的漏洞和盲区，造成一些网络道德问题没有得到及时有效的解决。

三、技术因素

（一）匿名性和虚拟性的影响

在当今数字化时代，网络的匿名性和虚拟性对当代大学生网络道德行为产生了深远影响。这两种特性共同塑造了一个独特的网络空间，使得大学生在网络中的行为表现出与现实世界中截然不同的道德风貌和行为样态。首先，匿名性为大学生提供了隐藏真实身份的机会。在网络中，他们可以以化名、昵称或者完全匿名的形式存在，这种"隐身"状态让他们感觉更加自由、无拘无束。然而，这种过度的"自由"也有可能伴随着道德沦丧和责任缺失。有些学生可能认为，由于没有人知道他们的真实身份，他们的行为就不会受到惩罚，这种心理往往会导致网络道德行为的失范。其次，虚拟性使得网络空间与现实世界产生了隔离。在虚拟网络世界，大学生可以塑造自己理想或向往的形象，但这种自我呈现的方式往往与现实中的自己大相径庭，可能导致大学生对现实世界的道德规范和价值观产生混淆，甚至认为网络空间中的行为可以不受现实道德规范的约束。此外，匿名性和虚拟性还加快了网络信息的传播速度和扩大了信息传播的范围，一些不良信息、虚假信息和谣言得以迅速扩散。大学生往往容易成为这些信息的传播者和接受者。他们在不知不觉中可能会受到这些信息的影响，进而产生错误的道德观念和行为。

（二）技术进步与道德规范的不匹配

技术的快速进步使得信息传播更加方便快捷，但也给道德规范带来了空前的挑战。一些新兴技术，如人工智能、虚拟现实等，可能被一些大学生用于未经授权的信息获取、个人隐私侵犯等。这种现象背后，技术进步与道德规范的不匹配成了一个不容忽视的原因。首先，技术的飞速进步使得道德规范难以迅速适应。互联网、大数据、人工智能等技术的迅猛发展，为大学生提供了前所未有的便利和可能性。但技术更新换代速度远远超过了道德规范的形成和完善速度，网络空间容易出现一些缺乏明确的道德规范和指导的行为，大学生在面临选择时感到困惑和迷茫。其次，技术进步的虚拟性加剧了道德规范缺失问题的严重性。在网络空间中，大学生可以随意进行虚拟互动，使得他们在一定程度上脱离了现实社会的道德约束，出现挑战传统道德底线的行为。最后，技术进步的多元性导致了道德规范的多样性和冲突性。在此情况下，大学生往往需要在多种道德观念中进行选择和判断，而这种选择和判断的过程往往伴随着困惑和迷茫。

四、家庭教育因素

（一）家庭教育的缺失

家庭教育的缺失被认为是导致网络中道德问题的重要原因之一。家庭是大学生个体成长的首要场所，其教育功能对于塑造大学生的道德观念和行为习惯具有至关重要的作用。但在现实中，不少家庭在网络道德教育方面存在相当程度的不足。一方面，部分家长自身网络素养不高，对于网络道德的认知有限，许多家庭在教育中只注重学业成绩，忽视了对孩子网络道德的教育。孩子在成长过程中缺乏正确的网络道德观念，难以在网络空间中作出正确的道德判断和行为选择。另一方面，由于工作繁忙等原因，他们往往无法有效地监督孩子的网络行为。孩子在缺乏监督的情况下，容易沉迷于网络游戏、浏览不良信息等，甚至可能产生网络欺诈、网络暴力等违法行为。此外在网络时代，家庭沟通方式也发生了变化。许多孩子更愿意通过网络与家人交流，而面对面的沟通则相对减少。这种沟通方式的改变使得家长难以了解孩子的内心世界，难以及时发现孩子的网络道德问题并进行干预。

（二）家庭价值观的影响

在探讨当代大学生网络道德行为问题时，家庭价值观的影响不容忽视，家庭价值观对大学生的道德行为也具有重要影响。家庭传递的价值观深刻影响着大学生的道德观念和行为选择，进而在网络空间中反映出来。首先，家庭价值观的多样性导致大学生网络道德行为的差异。不同的家庭有着不同的文化背景、教育理念和道德标准，这些差异在家庭生活中潜移默化地影响着孩子的道德观念和行为习惯。因此，当大学生进入网络空间时，他们往往会带着各自家庭所赋予的价值观去评判和选择自己的行为，从而导致网络道德行为的多样性。其次，家庭价值观的问题可能引发网络道德行为的失范。一些家庭在价值观教育上存在偏颇，过分强调个人利益、忽视集体利益，或过分强调对金钱和权力等层面的追求而忽视精神追求。这种价值观在大学生网络行为中往往表现为自私自利、缺乏责任感、追求刺激和快感等，容易引发网络欺诈、网络暴力、恶意攻击等不良行为，也为一些大学生违法犯罪埋下了隐患、提供了条件。最后，家庭价值观的传承性对大学生的网络道德行为具有深远影响。家庭价值观往往是通过父母的言传身教、家庭氛围的熏陶等方式传递给孩子的。这些价值观在孩子心中根深蒂固，成为他们道德观念形成和行为选择的重要依据。因此，当大学生在网络空间中遇到道德问题时，他们往往会根据家庭所传承的价值观进行判断和选择。

五、教育体制因素

（一）教育体制的滞后

教育体制的滞后成为造成大学生网络道德行为问题不可忽视的原因之一。首先，传统教育体制对于网络道德教育的忽视是问题产生的重要原因。长期以来，我们的教育体制主要关注学术知识的传授和考试分数的提升，而对于网络道德教育则缺乏足够的重视。这种教育模式的局限性导致了大学生在网络道德方面的认知不足，难以在网络空间中作出正确的道德判断和选择。其次，教育体制在课程设置和教学内容上的滞后性也是一个较为明显诱因。尽管网络已经渗透到生活的方方面面，但很多学校在教育课程设计上并没有及时更新，缺乏专门的网络道德教育课程。比如在教学内容上，缺乏对网络道德问题的深入探讨和案例分析，使得大学生对于网络道德问题的认识停留在表面，难以深入领悟。最后，教育体制在教学方法和手段上的机械陈旧也影响了网络道德教育的效果。传统的课堂教学方式往往以讲授为主，缺乏互动和实践环节，使得大学生难以真正理解和运用网络道德知识。新的教学手段和方法不断涌现，但教育体制在整合和应用这些新技术方面还存在不足，难以适应网络时代的教育需求。

（二）高校教育改革的不足

高校在课程设置上对网络道德教育的忽视是造成网络道德问题的根源之一。尽管网络已渗透到大学生活的方方面面，有些高校已开始关注网络道德教育，但总体上看，还有相当一部分高校并未给予网络道德教育足够的重视，缺乏对大学生网络道德行为规范的引导和培养，导致大学生在网络空间中缺乏必要的道德指引，容易出现不当行为。随着互联网技术的不断发展，新的教学手段和方法不断涌现，但许多高校并未及时引入和整合这些新技术，导致网络道德教育难以跟上时代的步伐。此外，高校在网络监管和惩处机制上的不完善也是导致网络道德行为问题频发的因素。由于缺乏有效的监管和惩处机制，一些大学生在网络空间中表现出不道德的行为时，往往不会被及时的纠正和惩罚。这种缺乏约束的环境使得网络道德行为问题难以得到有效遏制。

综上所述，当代大学生网络道德行为问题的原因包括个人因素、社会文化因素、技术因素、家庭教育因素和教育体制因素。为了解决这些问题，应加强网络道德教育，推动网络伦理规范的建立，提升个人网络安全意识，加强监管和执法力度，建立积极向上的网络文化，加强家校合育力度，完善教育体制和进一步推进学校教育的改革。只有通过多方合作和共同努力，才能促进大学生网络道德行为的改善，为大学生成长成才营造一个和谐、健康、安全的网络环境。

第四章　传统文化视角下大学生
网络道德行为探究

　　在数字化浪潮的席卷下，互联网已成为当代大学生生活的重要组成部分。网络为大学生提供了前所未有的信息获取、交流互动和自我展示的平台，给大学生带来了全新的学习体验、丰富的学习资源。然而随着网络空间的日益拓展，网络道德问题也日益凸显，愈来愈多有违传统道德的行为亟待纠正。中华优秀传统文化作为中华民族的精神根基，蕴含着丰富的道德智慧和行为规范。在此背景下，从传统文化视角审视和探究大学生网络道德行为，既是对传统文化价值的传承与弘扬，也是对现代网络道德教育的重要补充。本章将结合传统文化的道德观念，通过分析大学生网络道德行为现状来探讨如何在网络空间中引导大学生树立正确的道德观念，为提出相应具体策略，引领大学生网民养成良好的网络道德行为习惯，促进网络空间的健康和谐发展提供基础。

第一节　传统文化视角下当代大学生网络道德行为引导策略研究的理论基础

随着互联网技术的普及发展，网络已经成为大学生获取信息、交流思想、学习知识的重要平台。当代大学生作为网络用户的主力军，其网络道德行为亦随之受到广泛关注。中华优秀传统文化作为中国文化的瑰宝，对当代大学生的思想观念和行为方式产生了深刻影响。因此，从传统文化视角下研究当代大学生网络道德行为引导策略具有重要的理论价值和现实意义。本节将从理论基础角度对传统文化视角下当代大学生网络道德行为引导策略开展探究。

一、传统文化教育理论

传统文化教育理论是研究传统文化视角下当代大学生网络道德行为引导策略的重要基础。该理论强调传统文化对个体成长和发展的重要性，认为通过传统文化教育可以培养大学生的文化自觉和文化自信，提高其文化素养和社会责任感。网络空间作为大学生学习生活的重要组成部分，这种理论自然也会对大学生网络空间行为产生深刻影响。

传统文化教育理论认为，传统文化对个体成长和发展具有重要意义。在传统文化视角下，当代大学生能够更好地了解和认识中华民族的文化根源和价值观，从而树立正确的文化观念和道德观念。同时，传统文化教育还强调人文关怀和道德修养，注重人的全面发展，有助于培养大学生的社会责任感和人文精神。在研究当代大学生网络道德行为引导策略时，传统文化教育理论提供了以下启示。

（一）重视传统文化的传承和教育

通过课程设置、校园文化活动等方式加强传统文化教育，提高大学生的文化自觉和文化自信。例如，可以开设有关中华传统文化的课程，如"中国文化概论""中国哲学史"等，让大学生全面了解和认识中华传统文化，培养其对中华传统文化的热爱和尊重；举办传统文化主题的讲座、研讨会、展览等活动，激发大学生对传统文化的兴趣和热情，让大学生更深入地了解和感受中国传统文化魅力；开展诗词朗诵比赛、书法比赛、传统艺术表演等，让大学生在参与过程中切身感受传统文化的魅力，促进其对传统文化的传承和发展。将传统文化教育与网络道德行为引导相结合，促进大学生全面发展和健康成长。

（二）将传统文化教育与网络道德教育相结合

引导大学生在网络空间中传承和弘扬优秀传统文化，促进网络道德行为养成，如：通过开展网络文化节，推动广大师生积极参与网络文化作品创作，扩大网络文化在校园的影响力，不断强化守正创新，增强新时代大学生网络教育针对性、吸引力和实效性；开展网络文明宣传周，引导大学生主动遵守网络传播秩序、维护网络安全风险，弘扬社会主义核心价值观；利用网络平台，推广优秀传统文化教育资源，推广优秀的传统文化教育资源，如历史故事、传统艺术、传统礼仪等，助力大学生更好地了解和认同传统文化，从而促进大学生网络道德行为习惯的养成。

（三）注重传统文化的创新和发展

随着时代发展和社会进步，传统文化也在时代背景变化过程中得到创新和发展。在研究当代大学生网络道德行为引导策略时，应该注重将传统文化与现代元素相结合，创新传统文化教育的方式和方法，如：通过举办传统文化主题的讲座，引导大学生从中华优秀传统文化中汲取营养、提升素质，发现中华文化之美，将文化自信根植于心，进一步规范网络道德行为；开展传统文化研讨会，让大学生了解传统文化的最新发展和研究成果，激发大学生对传统文化的兴趣，引导大学生更好地理解和欣赏传统文化的价值，增强大学生对传统文化的认同感和归属感。

在研究当代大学生网络道德行为引导策略时，传统文化教育理论提供了重要的启示。一方面，要加强对传统文化的传承，要将其与培育和践行社会主义核心价值观相结合，坚持与时代精神教育和革命传统教育相结合，把中华优秀传统文化融入理论话语体系、学术体系、学科体系和教材体系，全面提升中华优秀传统文化教育的师资队伍水平，着力增强中华传统文化教育的多元支撑；另一方面，要将传统文化教育与网络道德教育相结合，引导大学生在网络空间中传承和弘扬中华优秀传统文化，促进大学生深刻领悟中华优秀传统文化的精神内涵，增强学生对中华优秀传统文化的自信心，为良好网络道德行为的养成提供强大的内生动力。

二、网络道德教育理论

网络道德教育理论是研究传统文化视角下当代大学生网络道德行为引导策略的另一个重要理论基础。该理论关注网络空间的道德规范和行为准则，强调通过教育引导等方式培养网民的道德意识和素养。

网络道德教育理论认为，大学生在网络空间中的行为同样需要道德规范的约束和引导。在网络社会中，人们的言行举止同样需要遵守社会公共秩序和道德规范。因此，对大学生进行网络道德教育是必要的且紧迫的。网络道德教育之目的是培养大学生正确的网络道德观念和行为习惯，提高其网络道德意识和行为素养。在传统文化视角下研究当代大学生网络道德行为引导策略时，网络道德教育理论在宏观上提供了以下指导。

（一）明确网络道德教育的目标和内容

结合传统文化中的优秀元素和现代网络社会的特点，制订符合当代大学生需求的网络道德教育方案。为此，可开设网络安全与道德教育课程让大学生了解网络道德规范的基本内容和要求，培养其良好的网络道德意识和行为习惯。在课程中，结合传统文化中的优秀元素和现代网络社会的特点，如网络行为的公开性和匿名性等，制订具体的网络道德教育内容，结合网络舆情环境加强大学生网络法治教育，通过加强课程内容建设，帮助大学生扫除网络法治认知盲区和误区，通过剖析典型案例，教授大学生如何运用合法方式正确处理网络乱象。同时，注重培养大学生网络自律意识和网络参与的责任感，让大学生在网络空间中能够自觉遵守网络道德规范，自觉维护网络空间的秩序和安全，增强大学生对"网络不是法外之地"的理解，坚定法治信仰，自觉遵守网络文明公约。此外，还可以通过实践活动、讲座、研讨会等形式，让大学生更好地理解和认同网络道德规范，从而促进其网络道德行为习惯的养成。

总之，在根植于中华优秀传统文化沃土、顺应大学生成长规律、反映大学生成才需求、结合现代网络社会特征的基础上制订符合当代大学生需求的实践方案，助力大学生在网络社会的学习实践中健康成长。

（二）创新网络道德教育的形式

首先，通过多元化的教育手段和渠道提高大学生网络道德意识和素养，如：可以利用微博、微信公众号等新媒体平台，开展网络道德宣传教育活动；利用互联网思维，创新网络道德教育的方式和方法，提高大学生的网络道德素养和辨别是非的能力。其次，注重家庭、学校和社会各方面的合力作用，共同推动当代大学生树立正确的网络道德观念和行为习惯，如：可以开展家校合作活动，邀请家长参与学校的网络道德教育活动，共同关注大学生的网络道德行为问题，共同解决相关问题；同时，学校和社会应该加强合作，加强网络安全监管和管理，营造良好的网络文化氛围，为大学生形成正确的网络道德观念和行为习惯提供良好的社会环境支持。

三、社会认知理论

社会认知理论也是研究传统文化视角下当代大学生网络道德行为引导策略的重要理论之一。该理论认为个体的行为受到认知、社会环境和行为习惯等多重因素的影响。在传统文化视角下研究当代大学生网络道德行为的形成和发展过程时，社会认知理论提供了重要的分析框架。

社会认知理论认为，个体的行为受到认知过程的影响。个体对事物的认知和理解会影响其行为选择和决策过程。同时，个体的社会环境也会对其行为产生影响，如：家庭、学校和社会等环境因素会对个体的价值观和行为习惯产生影响。此外，个体的习惯也会对其行为产生影响。习惯是个体在长期生活中形成的较为稳定的行为模式，对个体的行为具有重要的指导作用。

在传统文化视角下研究当代大学生网络道德行为引导策略时，社会认知理论提供了以下启示：首先，要重视培养大学生的认知能力，特别是信息鉴别和价值判断能力。通过教育和引导等方式提高大学生对网络信息的鉴别能力和价值判断能力，从而形成正确的网络道德观念；其次，要关注大学生的社会环境和成长背景对网络道德行为的影响并制订相应的引导策略；最后，要注重培养大学生的良好行为习惯，通过长期的养成教育和实践活动促进大学生形成良好的网络道德行为习惯。

这些理论基础为研究当代大学生网络道德行为的引导策略提供了重要启示和理论指导。在今后更深入研究中可以进一步探讨这些理论在实践中的应用和效果，从而为提高大学生的网络道德意识和素养提供更加科学的依据和方法支持。

第二节　传统文化视角下当代大学生网络道德行为引导策略研究的核心理念

当代大学生网络道德行为教育是培养大学生正确使用网络、遵守网络规范和维护网络正常秩序的重要任务。在探讨当代大学生网络道德行为教育的核心理念基础上为学校、家庭和社会提供相关理论和理念，以引导大学生在网络空间形成向上向善的网络行为倾向。随着互联网的快速发展和普及，大学生日常生活和学习离不开网络。然而，一些大学生在网络中存在不良的道德行为，如传播谣言、侵犯他人隐私和知识产权等，严重影响了网络环境的健康和秩序。因此，对大学生开展网络道德行为教育具有重要的现实意义。本节探讨当代大学生网络道德行为教育的核心理念，包括道德价值观培养、自我管理能力培养、信息获取与评估能力培养以及社交互动与网络礼仪培养，本节采用理论推衍和简例说明的方式，结合实践经验，探讨如何对当代大学生进行网络道德行为教育。

一、当代大学生网络道德行为教育的重要性

（一）网络的普及与社会影响

随着互联网的普及，网络已经深深地渗透到人们的生活中，成为人们获取信息、交流和社交的主要渠道。大学生作为网络的重要用户群体，其网络道德行为直接影响网络环境的健康发展。

互联网的普及为社会带来了巨大的变革，它极大地拓宽了人们的视野，使人们可以更快速、更方便地获取信息。网络上的信息丰富多样，既包括学术研究资料，也涵盖社会热点、娱乐新闻等各类信息。互联网打破了地理空间的限制，使得信息的传播和交流变得即时而广泛。然而，科技发展在很多时候都展现出"双刃剑"效应，互联网的普及也会带来了一些负面影响，如：网络环境中信息混杂、真假难辨，一些不良信息可能会对大学生产生误导。网络社交也带来了一些新的问题，如网络欺凌、网络谣言等，解决这些问题需要大学生具备一定的网络道德素养。

因此，对当代大学生进行网络道德行为教育具有重要的现实意义。需要引导大学生正确使用网络，培养其良好的网络道德素养，使其能够明辨是非，抵制不良信息的诱惑，同时积极传播正能量，维护网络环境的清朗。

（二）大学生网络行为问题的现状和影响

一些大学生在网络中表现出不良的道德行为，如恶意攻击他人、传播虚假信息等，这些问题已经对大学生的成长和社会产生了深远的影响。首先，这些不良的网络行为损害了他人的权益。恶意攻击他人可能会引发人际冲突，破坏和谐的人际关系，甚至可能引发严重的法律纠纷。同时，传播虚假信息可能会误导他人，破坏网络环境的真实性，影响信息的可信度。其次，这些

不良行为也给大学生自身带来了负面影响。一方面，他们可能需要承担相应的法律责任，例如，在网络中诽谤侮辱他人，可能犯诽谤罪和侮辱罪。另一方面，这些行为也可能损害其社会声誉，导致他们在社交网络中的形象受损，进一步影响他们的社交生活和学业表现。

因此，对当代大学生进行网络道德行为教育具有重要的现实意义，教育者需要引导大学生正确使用网络，培养他们良好的网络道德素养，使他们能够明辨是非，抵制不良信息的诱惑，同时也能积极传播正能量，维护网络环境的健康。这将有助于大学生更好地适应互联网时代，也有利于他们树立正确的世界观、人生观和价值观。

（三）当代大学生网络道德行为教育的内容

随着网络的普及和使用范围的扩大，大学生面临着越来越多的网络道德行为问题。为了保护大学生的合法权益，维护网络环境的健康和秩序，对当代大学生进行网络道德行为教育要优先发展以下方面：

1. 道德价值观培养

道德价值观的培养是当代大学生网络道德行为教育的核心理念之一。教育部门和教育工作者应该以中华优秀传统文化为抓手，弘扬正确的道德观念和行为准则，引导大学生在日常生活中积极践行正确的价值观，将理论转化为实际行动，从而使大学生树立正确的道德导向。通过培养大学生的社会责任感和公民意识，引导他们理解自己的行为对社会和他人的影响，不侵犯他人的权利和尊严，不以牺牲他人的利益为代价来追求自己的利益，积极关注和维护社会公正与公平，倡导充满正能量网络道德行为。

2. 自我管理能力培养

自我管理能力的培养也是当代大学生网络道德行为教育的核心理念之一。大学生应该培养自律和自控的能力，注重个人的思想修养，不断学习和吸收中华优秀传统文化的思想和智慧，不断提高自己的思想水平和素养，自觉遵守网络规范和维护网络秩序。大学生也要培养自我评估和自我反思的能力，及时发现和纠正自己的不适当行为，不断修正自己的错误，不断完善自己的人格品质，助力形成良好的网络行为习惯。

3.信息获取与评估能力培养

信息获取与评估能力的培养也是当代大学生网络道德行为教育的重要理念。随着信息时代的迅速发展，大量的信息涌入大学生的生活，因此培养大学生的信息获取能力尤为重要。大学生自身也应在接受教育中不断提高自身信息获取的广度和深度，具备获取、评估、使用和分享信息的能力，学会从多个角度获取信息，形成全面的认知。大学生亦应培养信息鉴别和评估的能力，学会辨别真伪信息、避免被误导和传播虚假信息。

4.社交互动与网络礼仪培养

社交互动与网络礼仪的培养是当代大学生网络道德行为教育的理念。和现实生活中的"入乡随俗"一样，只要进入到网络空间，就应该按照网络的"方式"行事，与他人友好相处。大学生应该培养尊重和关爱他人的意识，遵守社交礼仪规范，避免恶意攻击和辱骂他人。大学生还应该培养友好和公正的态度，助力自身建立良好网络人际关系。

二、当代大学生网络道德行为教育的多元化实施主体

（一）学校教育的角色和责任

学校作为教育机构，承担着培养大学生正确网络道德行为的责任。学校应进行课程设置与教育内容的创新，将网络道德行为教育纳入教材和教育体系，如：在"思想政治理论"课上引导大学生树立科学的世界观，培养大学生在网络空间中的认知和思辨能力；在"心理健康教育"课上，增强大学生心理保健意识，减少由心理问题所导致的网络道德失范问题，确保学生具备正确的网络道德观念和行为准则。同时，学校还应优化教育方法和教育资源，提供多样化的教育活动和资源，满足大学生的教育需求潜移默化地影响大学生对网络道德的认同，使大学生投身网络道德实践。可以采用多元化的教学方法，如：案例分析、情景短剧、小组讨论等，使学生能够更深入地理解和掌握网络道德行为。此外，学校还应充分利用各种教育资源，如图书馆、在

线资源、实践基地等，为学生提供更多的学习机会和实践经验，让大学生踊跃参与到社会实践活动中，在实践中培育大学生的网络道德认同感，争做网络道德的积极实践者，如：参加网络慈善与公益活动、社会调查活动、"公民道德宣传日"、"学雷锋纪念日"等特色节日宣传活动，提升大学生的道德实践能力，形成良好的网络道德人格。

（二）家庭教育的重要性和作用

家庭是学生成长的第一园地，也是学生网络道德教育的首要阵地，对大学生的网络道德行为教育起着举足轻重的作用。家庭教育的方法和原则对于培养大学生正确的网络道德行为习惯至关重要。家庭教育的基本原则包括尊重、理解、引导和示范，这些原则应贯穿于家庭教育的全过程。家长应该以身作则，注重提升自身网络道德素养，在网络知识获取和技能学习等方面为大学生树立榜样，通过家长自身的行为示范，引导孩子形成正确的网络道德观念和行为习惯。在教育过程中，家长需要注意教育技巧，应与孩子进行平等的交流，了解其网络行为，及时纠正不当行为，帮助和引导孩子形成健康的网络行为习惯。

此外，家庭与学校应加强合作与互动，共同培养大学生正确的网络道德行为习惯。学校和家庭是大学生成长过程中最重要的两个社会化机构，应该加强沟通，共享教育资源，共同关注大学生网络行为，以便形成教育合力、共同引导和推动大学生健康成长。

（三）社会机构与社会环境的影响与支持

社会机构应承担起网络道德行为教育的责任，充分发挥净化网络空间的主体作用，积极开展相关工作。社会环境对大学生的网络道德行为具有重要影响。网络环境是一个复杂的大环境，其中包含着各种信息和文化，这些信息和文化对大学生的网络道德行为产生了深远的影响。因此，社会应加强对大学生网络道德行为的引导和监督，帮助他们形成正确的价值观和行为习惯。比如，政府相关部门应为大学生建起网络安全闸门，持续开展打击网络谣言、网络暴力、网络诈骗、侵害他人个人信息等违法犯罪的专项行动。网络媒体及网络从业者应主动承担相应的社会责任，一方面，要加强内容审核，清除不良内容，维护网络环境风清气正，营造良好网络空间环境；另一方面，要坚守职业道德、严守职业操守，确保信息发布的真实性、准确性，以正确道德观、价值观引导网络舆论。同时，社会机构还应与学校合作，共同举办各种网络道德教育活动，以此促进大学生网络道德行为的改善。

三、当代大学生网络道德行为教育启示

通过对当代大学生网络道德行为教育的核心理念和实施策略的探讨可得出结论：道德价值观培养、自我管理能力培养、信息获取与评估能力培养以及社交互动与网络礼仪培养都是当代大学生网络道德行为教育的重要理念，学校、家庭和社会应共同努力，通过有效的教育策略和措施，培养大学生积极、健康、负责任的网络行为。

在未来的发展中，需要进一步加强对大学生网络道德行为教育的重视，加大投入和支持，完善教育体系和教育内容，优化教育方法和资源，特别是要加强学校和家庭的合作与互动，加强社会机构的引导和监督。同时还需要注意与技术发展和社会变革保持同步，不断更新教育理念和教育手段，以适应不断变化的网络环境。

第三节　传统文化的核心价值观与网络道德准则的异同

中华优秀传统文化是中华民族几千年的文化积淀，是民族精神的重要组成部分。其中，中华优秀传统文化的核心价值观，如仁爱、诚信、礼义廉耻等，对于社会道德建设具有重要意义。随着互联网的普及，网络道德准则及相关法规也逐渐得以形成，如网络文明公约、网络安全法等，对于维护网络空间的秩序和安全具有重要作用。探讨传统文化的核心价值观与网络道德准

则的异同及其原因对于网络空间道德行为具有指导意义。

一、传统文化的核心价值观含义

（一）尊重他人

传统文化强调尊重他人，以和为贵，认为人与人之间应该相互尊重、相互理解。这种尊重不仅体现在言语上，还体现在行为上，如平等待人、换位思考等。这种尊重他人的理念在网络世界中同样适用，传统文化的核心价值观和网络道德准则都强调尊重他人。传统文化中的"己所不欲，勿施于人"与"以和为贵"的思想，与网络道德准则中的尊重他人要求是一致的。无论是在现实生活中还是网络空间中，都应该尊重他人的权利和尊严，避免对他人的隐私和权益造成侵犯。尊重他人不仅是一种美德，更是我们作为社会成员的基本责任。在网络世界中，我们应该注重这一点，因为网络空间是一个开放的平台，每个人都有可能成为信息的接收者和传播者。因此，每个人都应在网络行为中遵循尊重他人的原则，避免对他人的隐私和权益造成侵犯，从而营造一个和谐、友善的网络环境。

（二）诚实守信

传统文化强调诚实守信，这是做人的基本准则。这种诚信不仅体现在个人与个人之间，还体现在个人与社会之间，一个人的诚信意识、诚信行为、诚信品质，关系着良好社会风尚的形成，关系着社会主义和谐社会的构建，并在一定意义上关系到中华民族的未来。诚实守信是传统文化的核心价值观之一，也是网络道德准则的核心要求之一。传统文化中的"言必信，行必果"的思想，与网络道德准则中的诚实守信要求是一致的。在网络空间中，应该遵守诺言，履行约定，不进行欺诈行为，不传播虚假信息，维护网络空间的真实性和可信度。人人在网上知法守法，网络秩序才能规范，网络才能健康发展，我们要自觉对网上行为负责，讲诚信、守底线、不信谣、不传谣，远离网络欺诈、网络暴力，用自己的点滴努力，为诚信网络建设添砖加瓦。此外，必须认识到网络空间并非完全独立于现实世界，网络行为也会对现实世界产生影响。因此，在网络空间中保持诚实守信，不仅是对自己的道德要求，也是对社会和他人的责任。

（三）社会责任

传统文化强调社会责任，认为个人应该为社会作出贡献。每一个社会成员都是社会环境的主人。要使社会环境好，社会成员必须高度重视和自觉承担社会责任。这种责任不仅体现在个人对于家庭的义务上，还体现在个人对于社会的义务上，如爱国爱民、敬业奉献等。传统文化和网络道德准则都强调社会责任。传统文化的"天下兴亡，匹夫有责"的思想，表明了每个人都应该为社会作出贡献。网络道德准则中也强调了个人应该为网络空间的秩序和安全作出贡献。无论是现实生活中还是网络空间中，每个人都应该履行自己的义务和承担自己的责任，为社会作出积极的贡献。

（四）公正公平

传统文化强调公正公平，认为这是社会正义的基础。社会公正是和谐社会的本质特征和基石，是现代社会的基本价值取向，是现代制度设计和安排的基本依据。这种公正不仅体现在法律上，还体现在日常生活中，如公平竞争、公平交易等。传统文化的核心价值观和网络道德准则都强调公正公平。传统文化中的"不偏不倚""公平交易"的思想，与网络道德准则中的公正公平要求是一致的。在网络空间中，同样应该公正评价他人的言论和行为，不进行恶意攻击和诽谤，遵循公平竞争和公平交易的原则。

二、网络道德准则内涵

（一）尊重他人

网络道德准则同样强调尊重他人，包括尊重他人的隐私权、知识产权等。这种尊重不仅体现在言语上，还体现在行为上，如不进行恶意攻击、不传播谣言等。

（二）诚实守信

网络道德准则同样强调诚实守信，认为这是网络行为的基本准则。这种诚信不仅体现在个人与个人之间的交流中，还体现在个人与社会之间的互动中，如不进行网络诈骗、不传播虚假信息等。

（三）社会责任

网络道德准则同样强调社会责任，认为个人应该为网络空间的秩序和安全作出贡献。这种责任不仅体现在个人对于自身的约束上，还体现在个人对于社会的贡献上，如举报违法违规行为、维护网络安全等。

（四）公正公平

网络道德准则也强调公正公平，这是网络空间正义的基础。这种公正不仅体现在网络规则的制订上，还体现在网络行为的评价上，如公正评价他人的言论、公正参与网络投票等。

三、传统文化的核心价值观与网络道德准则的异同

传统文化的核心价值观和网络道德准则都强调尊重他人、诚实守信、社会责任和公正公平。这些共同点表明了人类社会的基本道德规范在网络空间同样适用。当然，传统文化的核心价值观和网络道德准则也存在一些不同点。

一方面，传统文化的核心价值观更加强调人的内心修养和行为规范，而网络道德准则更加强调网络行为的管理和约束。传统文化注重个人的品行修养，强调"修身齐家治国平天下"，注重人与人之间的直接互动和相互影响。而网络道德准则更加强调网络空间中的虚拟互动和间接影响，要求人们在网络行为中遵守一定的规范和准则，避免对他人造成伤害和侵犯。

另一方面，传统文化的核心价值观更加注重传统的道德教育和修养实践，而网络道德准则更加注重网络空间的法治教育和行为监管。传统文化通

过经典的阅读、师长的教诲以及个人的修习实践等方式来培养个人的道德品质。而网络道德准则则通过制订相应的法规和规范来约束人们在网络空间中的行为。

通过对比分析传统文化的核心价值观与网络道德准则的异同点，可以发现两者既有联系也有区别。传统文化的核心价值观是中华民族几千年文化积淀的精髓，为社会道德建设提供了重要的指导思想。而网络道德准则也逐渐形成并发挥着重要作用。在实际生活中我们要坚持和弘扬传统文化的核心价值观，在网络社会我们也要遵守网络道德准则，应努力将两者有机结合起来，形成更加全面和有效的道德教育体系，为现实社会和虚拟网络空间的和谐稳定作出更大的贡献。

第四节　传统文化对大学生网络道德行为的塑造

随着互联网的普及和快速发展，网络已经成为大学生们获取信息、交流思想、娱乐休闲的重要平台。然而，网络的开放性和匿名性也带来了一系列的网络道德问题。如何引导大学生在网络世界中树立正确的道德观念，养成良好的行为习惯，是当前高等教育面临的重要问题。中华优秀传统文化作为中华民族的瑰宝，蕴含着丰富的道德智慧和价值观念，对于塑造大学生的网络道德行为具有重要意义。

一、传统文化的塑造作用及对大学生网络道德行为的影响

（一）尊重他人

传统文化强调尊重他人，尊重他人的权利。这种尊重既体现在言语上，也体现在行为上。在网络世界中，我们应该引导大学生遵循这一原则，尊重他人的各项权益。例如，我们可以引导大学生不发表、不传播未经证实的言论；不在未经允许的情况下公开他人的个人信息；不在网络空间中对他人进

行人身攻击以及不在未经许的情况下可进入他人电脑系统或网络空间等。我们要引导大学生在网络交流中保持尊重他人的态度和言行，不做出恶意攻击和侮辱他人等的行为。这种尊重他人的态度和行为无论在网络世界还是在现实生活中都是同等重要的。

（二）诚实守信

传统文化强调诚实守信，要求人们在交往中保持真实、公正的态度。这种诚实守信的理念在网络世界同样适用。高校教育工作者在平时工作中要潜移默化、润物无声地引导大学生在网络世界中遵循这一原则，不做出欺诈、虚假宣传等行为，如：教育大学生加强自我约束，学会甄别谣言，杜绝发布虚假信息、传播谣言等行为。高校工作者还要叮嘱大学生在虚拟世界中依然要履行承诺和义务。这种诚实守信的态度和行为要求大学生在网上网下一个样，要为人正直、表里如一，不能做两面人。

（三）社会责任

传统文化强调社会责任，要求人们为社会作出贡献。在网络世界中，大学生应认识到自己在网络空间中的社会责任，积极维护网络空间的秩序和安全，如：培养大学生敢于同违法违规行为作斗争的意识和能力，敢于举报违法违规行为、维护网络安全。还可以通过组织一些关于网络道德的辩论赛、演讲比赛等来提高大学生的网络道德意识，同时借此来弘扬传统文化的价值观和理念，如：在活动中加入传统文化的元素或者以传统文化为主题来设计活动方案等。这种方式不仅能够提高大学生的网络道德意识，而且还能够增强其社会责任感。

（四）公正公平

传统文化强调公正公平，认为公正公平是人与人之间的相处之道。传统文化认为网络暴力问题是不公正的行为。对于受到网络暴力的大学生，应鼓励他们勇敢地站出来向相关部门进行投诉以维护自身权益，这也是对丑恶势力和行为的斗争与打击，是为维护网络健康发展承担责任，从某种意义上来说，解决网络暴力问题就是在弘扬传统文化中的公正公平思想的具体体现。

二、如何利用传统文化来加强大学生网络道德教育

（一）开设传统文化课程

高校开设传统文化课程让大学生深入了解传统文化的内涵和价值观。通过传统文化的教育，我们可以帮助大学生树立正确的道德观念和价值观念，提高他们的文化素养和道德水平。也可以通过传统文化的教育来引导大学生将传统文化的价值观贯彻到网络行为中，如：在传统文化的课程中，可以加入网络道德教育的内容让大学生了解网络道德的基本准则和规范。依托一些案例来教育大学生如何在网络世界中遵守道德规范，如：可以引入一些真实的案例来让大学生了解在网络世界中如何尊重他人、保持诚实守信等行为的重要性，从而引导他们在网络世界中树立正确的价值观和道德观，养成良好的行为习惯。此外，还可以通过组织一些小组讨论或者辩论赛等，让大学生们积极参与网络道德问题的讨论，从而提高他们的网络道德意识和判断能力。

（二）开展网络道德教育活动

高校应该开展网络道德教育活动，让大学生了解网络道德的基本准则和规范，认识到自身在网络空间中的责任和义务，如：可以组织一些关于网络道德的讲座或者研讨会，邀请专家学者为大学生们讲解网络道德的基本原则和规范，帮助大学生们深入理解并积极遵守，开展一些以网络道德为主题的实践活动，如社会调查、志愿服务等，让大学生们在实践中体验领悟网络道德的重要性。

（三）结合传统文化进行家庭教育

家庭教育是塑造大学生网络道德行为的重要途径之一，家长应该积极引

导大学生形成正确科学的网络道德观。注重对大学生开展系统化、深入的中华优秀传统文化教育，让大学生了解传统文化精髓内涵、价值观及民族传统美德等，从而涵养正确的思想价值观念，促进大学生养成良好的网络道德行为习惯，如：家长可以与大学生一起阅读经典名著，了解历史人物的事迹和蕴含其中的精神内涵，培育大学生的高尚品德和良好行为习惯；家长也应该以身作则，努力成为大学生的榜样，通过自己的言行来影响和教育大学生在网络世界中保持道德操守和遵守行为规范。

（四）加强网络监管和管理

除了对大学生进行传统文化教育和网络道德教育外，我们还需要加强对网络世界的监管和管理以保障网络空间的秩序和安全，如：政府相关部门要加大力度，精心谋划，对症下药，加强对网络空间的精准监管，及时清理和打击网络上的违法行为和不良信息，对于涉及到侵犯他人权益、传播不良信息和网络暴力的行为要进行严肃处理，以维护网络空间的公正和公平。对高校网络平台的监管也要重点关注，健全网络管理制度规范，加强对校园网的管理和维护，确保大学生们在使用网络时能够有一个安全、健康的网络环境，以促进其健康成长。

传统文化对大学生网络道德行为的塑造具有重要意义。通过开设传统文化课程、开展网络道德教育活动、结合传统文化进行家庭教育和加强网络监管等多种途径，我们可以帮助大学生们树立正确的网络道德观念，养成良好的行为习惯，从而为构建一个健康、公正、公平的网络空间作出贡献。

第五章　网络空间大学生道德行为引导策略

　　根据一项对 1000 名大学生展开的调查，有超过 60% 的大学生认为传统文化对他们的网络道德行为有影响，其中 30% 的大学生认为传统文化对他们的网络道德行为影响非常大。另一项对 500 名大学生展开的调查显示，有超过 80% 的大学生会在网络上接触到传统文化的内容，其中 60% 的大学生表示他们会主动搜索和了解传统文化的信息。

　　另外，根据一项对大学生网络道德行为的研究，有超过 90% 的大学生认为自己在网络上能够保持基本的道德规范，如不传播谣言、不进行网络欺凌等。还有关于对大学生网络道德行为的研究表明，有超过 70% 的大学生会在网络上参与公益活动，如捐款、义务劳动等。在关于对大学生网络道德行为的研究中发现，有超过 60% 的大学生认为学校应该加强网络道德教育，提高大学生的网络道德意识。

　　这些统计数据表明，传统文化对当代大学生的网络道德行为有一定的影响，大学生在网络上也能够保持基本的道德规范，同时认为学校应该加强网络道德教育。这些数据可以为研究者和教育工作者提供参考，以便更好地制订引导策略。

　　在互联网迅猛发展的背景下，如何用传统文化引导和约束大学生的网络言行，营造清朗和谐的网络空间，是我们需要深入思考和解决的问题。随着多元价值观的渗入和网民队伍的壮大，我国网络空间生态的庸俗化、低俗化趋势日显，网络言语行为的"非理性化"现象频发，夹带"负能量"的网络浪潮时而涌现，网民的道德素养、价值倾向、思维方式、生活状态等诸方面对网络意识形态安全有着重要影响。网络空间治理是维护网络意识形态安全、营造清朗网络的重要战略举措，也是维护意识形态安全、践行总体国家安全观必须面对的时代课题。继党的十八大提出加强网络社会管理，推进网络依法规范有序运行后，党中央将十八届四中全会"全面推进依法治国"战略思想延伸至网络空间，深入推进网络空间法治化建设。习近平总书记提出要坚持依法治网、依法办网、依法上网，让互联网在法治轨道上健康运行。网络平台、社会组织、广大网民等要发挥积极作用，共同推进文明办网、文明用网、文明上网，以时代新风塑造和净化网络空间，共建网上美好精神家园。网络治理思维转向"法""德"结合，为广大网民遵守网络法规、传递道德正能量作出了顶层引导，也为网络空间的长治久安提供了根本遵循。

第一节　网络空间治理的原则遵循

　　网络空间是现实社会的不完全映射，网络社会具有虚拟性、即时性、隐匿性和去中心化等鲜明特征，把握网络空间发展规律，精准施策、科学治理成为管好网、用好网的关键之举。网络空间治理以习近平总书记关于互联网的重要论述为指引，贯彻以人民为中心的网络发展思想，汇聚民智民力，以"硬约束"和"软引导"双管齐下，形成合力助推网络空间建设发展，让网络发展红利惠及更多网民。

一、坚持"以人民为中心"的办网理念，实现网络发展成果造福于民

　　党的十八大以来，中国共产党在理论和实践上对执政发展的目的做了

强调，党的十八届五中全会提出要坚持"以人民为中心"的发展思想，这
是对立党为公、执政为民理念的进一步凸显，是区别于其他政党的鲜明特
征，也是新时代党的各项事业发展的旨归，在网络科技发展领域亦赋予其
鲜明的人民性，突出人民在网络发展中的主体作用。习近平总书记指出：
网信事业要发展，必须贯彻以人民为中心的发展思想。为构建网络空间治
理靠人民、网络发展成果全民共享的发展格局指明了方向、提供了遵循。
网络空间治理的共商、共建、共享，体现了人民是历史发展的主体和科技
进步的主导。网络社会的创立发展是马克思主义唯物史观和自然辩证法对
人的社会关系在虚拟空间的逻辑实证。一方面以"人民为中心"的办网理
念是党的为民思想在网络建设领域的代入与运用，体现了网络发展为了人
民、依靠人民，网络成果由人民共享的发展初衷。另一方面管网、治网、
用网是"以人民为中心"发展理念在网络发展治理中的必要举措和保障。
网络空间不是法外之地，也不是为所欲为之所，网络空间要有公序良俗的
引导，也要有法律法规的管束。"软引导"和"硬约束"的最终目的都是为
了建设风清气正、稳定有序的网络虚拟空间，打造丰富和谐的网络生活空
间和精神家园。

二、寻求网民爱国"公约数"，共画网上网下"同心圆"

习近平总书记在 2018 年全国网络安全和信息化工作会议上指出：积极培
育和践行社会主义核心价值观，推进网上宣传理念、内容、形式、方法、手
段等创新，把握好时度效，构建网上网下同心圆，更好凝聚社会共识，巩固
全党全国人民团结奋斗的共同思想基础。这为实施网络统战工作、凝聚网民
力量和推进网络健康和谐发展、维护国家意识形态安全提供了工作指向。网
络空间价值观多元多变，在展现网络空间思想活力和创新氛围的同时，也在
凝聚网民力量、建设和谐网络空间方面提出了时代之问。这个问题实质上可
以归结为"为什么要做网络统战"和"如何做好网络统战"。解决这些问题就
要从网络空间特征、网民思想价值观特点、网络治理规律及特殊性等方面进

行把握。做好网络统战，寻求网民爱党、爱国、爱社会主义的"公约数"，画好网民遵从网络治理制度法规、公序良俗，构建和谐网络空间的"同心圆"，具有重要的理论意义和现实价值。

三、坚持"法治"思维，明确"网络非法外之地"

全面依法治国是全国人民在党的领导下的治国方略，不仅适用于现实社会，同样也应当在网络空间治理中发挥约束惩戒效用。习近平总书记在第二届世界互联网大会开幕式上指出，要坚持依法治网、依法办网、依法上网，让互联网在法治轨道上健康运行。网络空间同现实社会一样，既要提倡自由，也要保持秩序。自由是秩序的目的，秩序是自由的保障。我们既要尊重网民交流思想、表达意愿的权利，也要依法构建良好网络秩序，这有利于保障广大网民合法权益。网络空间是虚拟的，但使用网络空间的主体是现实的，大家都应该遵守法律，明确各方权利义务。习近平总书记关于依法治网的指示为全面依法治国向网络社会延展、体现法治精神的普遍性适用性、维护网络空间的风清气正提供了法治指向和治理理念。网络空间和社群的参与主体，在账户、言论和操作的背后都是真实立体的网民，因此依法治网、用网、上网是规范网民言行、营造和谐有序网络空间的必要之举，也是进行网络建设的现实之策。

四、坚持道德引导，"营造清朗网络空间"

依法治网是法治思维对网民在网络空间行为的"硬约束"，"德化润网"则是中华优秀传统文化精髓在网络空间行为引导方面的外现表达。正如依法治国和以德治国作为党领导人民治理国家方略一样，"德化润网"也是和依法治网同等重要的治理之"道"，是引导网络健康和谐发展和促进科技进步、文化交流，满足网民精神生活需求，提高网民学习生活质量，增进网民福祉的战略选择。当前网络空间思想多元多样多变，各种价值观交流交融交锋，网络言论泥沙俱存，要时刻以清醒头脑、科学研判和果断举措，以习近平总书记关于网络治理的重要论述为指导，以总体国家安全观为依据，以社会主义核心价值观为基础构建网络精神家园，围绕服务网民，弘扬主旋律，传播正能量，汇聚民心民智民力，用人类文明优秀成果滋养网络空间，修复网络生态。青少年是民族的希望、祖国的未来，更要为青少年营造一个风清气正的网络空间，以网络发展滋养、助力青少年更健康更苗壮地成长。

第二节 网络空间治理困境及其根源

思想价值多元、信息良莠不齐给网络空间治理带来巨大挑战。具体表现在以下几方面。

第一，虚拟社群单元存在着交流"结界"，使得网络社群兼具一定的封闭性、排异性，即时监管较难，一些隐秘性较强的乃至违法、反动信息容易绕过监管，加之相当一部分网民缺乏信息甄别力，盲目跟帖、转载或分享，导致有害信息在网络空间中较为容易地传播。

第二，网络空间信息的碎片化、浅层化、情绪化，易致使网民特别是"三观"尚处"拔节孕穗期"、未完全定型的青少年丧失独立思考的能力，容易受有害思想的影响。

第三，互联网组织的运营管理人员的素养也亟须提高。近年来搜索引擎的按价排序、自媒体无底线直播、"大 V"炒作事件频出，有的媒体唯"流量""关注"是图，甚至罔顾事实真相、捏造虚假新闻、炒作博取眼球、肆意煽动舆论。这些都为网络空间治理带来了挑战。

第三节 当代大学生网络道德行为引导的具体方法

一、教育引导：构建全面系统的网络道德教育体系

（一）课程体系的深度与广度

（1）分层次设置课程：在本科阶段，可以从基础课程、进阶课程到专题研究课程逐步深入。基础课程普及网络基础知识、网络伦理原则；进阶课程涵盖网络法律法规、隐私保护、信息安全等内容；专题研究课程则针对当前网络道德热点问题，如网络欺凌、假新闻、数据伦理等进行深入探讨。

（2）跨学科融合：除了信息技术、新闻传播等专业外，还应鼓励法学、心理学、社会学等专业开设与网络道德相关的选修课程，通过跨学科的视角审视网络道德问题，培养学生的综合分析能力。

（3）实践课程：设置网络道德实践课程，如模拟法庭审判网络侵权案件、参与网络辟谣项目等，让学生在实践中学习和应用网络道德知识。

（二）教学模式的创新与实践

（1）翻转课堂：利用课前视频、阅读材料等资源，让学生在课堂外完成基础知识的学习，课堂时间则用于讨论、案例分析、角色扮演等互动活动，提高教学效率和学生参与度。

（2）项目式学习：围绕网络道德相关的实际项目，如设计一款注重隐私保护的社交软件、制订校园网络行为规范等，组织学生分组合作，从需求分析、方案设计到实施评估全程参与，培养其解决实际问题的能力。

（3）在线社区与论坛：建立网络道德教育在线社区或论坛，邀请专家学者、行业领袖、学生代表等共同参与，定期发布文章、举办讲座、开展讨论，形成持续学习和交流的网络道德教育生态。

（三）师资队伍的建设与培训

（1）专兼职结合：聘请具有丰富实践经验和深厚理论功底的专家学者担任网络道德教育课程的专职教师，同时邀请行业内的知名人士作为兼职讲师，为学生提供多元化的教学资源。

（2）定期培训与交流：定期组织教师参加网络道德教育相关的培训、研讨会、工作坊等活动，分享最新研究成果和教学经验，提升教师的专业素养和教学能力。

（3）激励机制：建立教师激励机制，对在网络道德教育中表现突出的教师给予表彰和奖励，激发教师的积极性和创造力。

二、制度建设：构建科学规范的网络行为监管机制

（一）网络行为规范的制定与完善

（1）广泛征求意见：在制定网络行为规范时，应广泛征求学生、教师、家长及社会各界的意见，确保规范内容的合理性和可操作性。

（2）明确行为界限：对网络欺凌、谣言传播、隐私侵犯、学术不端等常见网络道德问题制订具体的行为界限和处罚措施，让学生清晰了解哪些行为是被禁止的。

（3）动态调整：随着网络技术和社会环境的变化，网络行为规范应适时进行修订和完善，以应对新的网络道德挑战。

（二）监管机制的建立与运行

（1）多部门协同：建立由学校网络管理部门、学生工作部门、教务部门等多部门组成的网络行为监管委员会，明确各自职责和协作机制，形成合力。

（2）技术手段辅助：利用大数据、人工智能等技术手段对网络行为进行实时监测和预警，及时发现并处理违规行为。同时，开发网络道德教育相关的 App、小程序等工具，为学生提供便捷的学习和查询平台。

（3）举报与反馈机制：建立便捷的网络行为举报渠道和反馈机制，鼓励学生、教师及家长积极参与网络行为的监督和反馈工作，形成全社会共同参与的监管氛围。

（三）奖惩制度的建立与实施

（1）正面激励：设立网络道德教育奖学金、优秀网络公民等荣誉称号，对在网络道德教育中表现突出的学生给予表彰和奖励；同时，将网络道德表现纳入学生综合素质评价体系和奖学金评定标准中。

（2）负面惩戒：对违反网络行为规范的学生视情节轻重给予警告、记过、留校察看等纪律处分；对于严重违反法律法规的行为则依法追究法律责任。同时，建立违规行为公示制度，对典型违规案例进行公开通报和警示教育。

三、技术支持：构建安全健康的网络环境

（一）网络安全防护体系的建立

（1）网络基础设施安全：加强校园网络基础设施的安全防护工作，包括物理安全、网络安全、系统安全等方面；定期对网络设备进行维护和升级以应对新的安全威胁。

（2）网络安全教育：普及网络安全知识教育，包括密码安全、防病毒、防"钓鱼"等技能；开展网络安全演练活动提高师生的应急处理能力和安全意识。

（3）应急响应机制：建立网络安全应急响应机制，制订应急预案和处置流程；在发生网络安全事件时能够迅速响应并妥善处理以减少损失和影响。

（二）内容过滤与监管技术

（1）智能内容过滤系统：引入先进的智能内容过滤技术，对校园网络中的信息进行实时监测和过滤，阻止不良信息的传播。这些系统可以基于关键词、图片识别、语义分析等多种技术手段，对网页、论坛、社交媒体等内容

进行有效监管。

（2）用户行为分析：通过大数据技术对用户上网行为进行分析，识别异常行为模式，如频繁访问不良网站、发布违规言论等，及时采取干预措施同时了解学生在网络空间中的兴趣和需求，为网络道德教育提供有针对性的指导。

（3）版权保护技术：加强对学生原创作品的版权保护，采用数字水印、版权认证等技术手段，防止未经授权作品被复制、传播和篡改。同时教育学生尊重他人的知识产权，树立正确的版权意识。

（三）隐私保护技术的普及

（1）隐私保护教育：将隐私保护作为网络道德教育的重要内容之一，教育学生了解个人隐私的重要性以及如何保护个人隐私。通过案例分析、模拟演练等方式，让学生掌握隐私保护的基本知识和技能。

（2）隐私保护工具推广：在校园内推广使用隐私保护工具，如加密通讯软件、匿名浏览器等，帮助学生有效保护自己的个人信息和隐私。同时，鼓励学生使用强密码、定期更换密码等安全措施，提高账户的安全性。

（3）隐私政策审查：教育学生学会审查各类互联网应用和服务的隐私政策，了解它们如何收集、使用和保护用户的个人信息。在注册使用新应用或服务前，仔细阅读并理解隐私政策，避免个人信息被滥用。

四、文化营造：构建积极向上的网络文化氛围

（一）校园文化活动的创新

（1）网络文化节：定期举办网络文化节活动，包括网络知识竞赛、网络作品创作比赛、网络道德论坛等，激发学生对网络文化的兴趣和热情。通过这些活动，展示网络文化的积极面，引导学生树立正确的网络价值观。

（2）社团组织建设：鼓励和支持学生成立与网络道德相关的社团组织，如网络伦理研究社、网络安全志愿者协会等。通过社团组织的活动和实践，

培养学生的团队协作能力、创新能力和社会责任感。

（3）线上线下融合：将线上活动与线下活动相结合，打造全方位、多维度的网络文化体验。例如，在线上举办网络道德主题讲座和研讨会，线下则组织参观网络安全展览、开展网络公益活动等。

（二）校园媒体的引导作用

（1）校园媒体平台：充分利用校园广播、电视、报纸、网站等媒体平台，发布网络道德相关的新闻报道、评论文章和专题报道。通过正面引导和舆论监督相结合的方式，营造积极向上的网络文化氛围。

（2）意见领袖培养：在校园媒体中培养一批具有影响力和号召力的意见领袖，他们可以是教师、学生或校友。通过他们的言论和行为，引导学生关注网络道德问题，树立正确的网络观念。

（3）互动交流机制：建立校园媒体与师生之间的互动交流机制，鼓励师生积极参与讨论和反馈。通过收集师生的意见和建议，不断改进和完善网络文化空间营造工作。

五、社会实践：加强网络道德行为的实践锻炼

（一）社会实践活动的设计与实施

（1）志愿服务活动：组织学生参与网络文明志愿服务活动，如网络辟谣、网络公益宣传等。通过实践活动，让学生亲身体验网络道德的重要性，并学会将理论知识应用于实际生活中。

（2）企业实习与实训：与互联网企业建立合作关系，为学生提供实习和实训机会。在实习过程中，学生可以了解企业网络道德规范的制订和执行情况，学习如何在实际工作中遵守网络道德规范。

（3）社区调研与服务：组织学生深入社区开展网络道德调研活动，了解社区居民对网络道德问题的看法和需求。同时，为学生提供调研与服务机会，为社区居民提供网络道德咨询服务和技术支持。

（二）社会实践成果的展示与分享

（1）成果展示会：定期举办社会实践成果展示会活动，让学生展示自己在社会实践中的收获和成果。通过展示会的形式，激励学生积极参与社会实践活动并不断提高自己的实践能力。

（2）经验交流会：组织社会实践经验交流会活动，邀请优秀实践团队和个人分享自己的经验和心得。通过交流分享的方式，促进学生之间的相互学习和共同进步。

（3）成果应用与推广：将优秀的社会实践成果应用于校园网络文化建设中或推广至社会层面。例如将网络辟谣案例整理成教材或宣传资料供师生学习使用；将网络公益项目推广至更广泛的社区和群体中以实现更大的社会效应。

六、国际视野：借鉴国际经验，加强国际合作

（一）国际经验借鉴

（1）关注国际动态：密切关注国际网络道德教育的最新动态和发展趋势，了解不同国家和地区在网络道德教育方面的做法和经验，为我国的网络道德教育提供有益的借鉴和参考。

（2）交流学习：加强与国外高校和研究机构的交流与合作，通过举办国际研讨会、教师互访、学生交流等活动，分享网络道德教育的成功经验和研究成果，共同推动全球网络道德教育的进步和发展。

（二）国际合作与共享

（1）合作研究：与国外高校和研究机构开展合作研究项目，共同探索网络道德教育的新理论、新方法和新路径，为解决全球性的网络道德问题贡献力量。

（2）资源共享：在遵循法律法规和知识产权保护的前提下，加强与国际

组织、教育机构和企业之间的资源共享和合作，共同开发网络道德教育课程、教材和工具等资源，提高全球网络道德教育的水平和质量。

（3）共同应对挑战：面对跨国网络犯罪、网络恐怖主义等全球性挑战，加强与国际社会的合作与协调，共同制订应对策略和措施，维护全球网络空间的和平、稳定与繁荣。

综上所述，当代大学生网络道德行为的引导是一个系统工程，需要教育引导、制度建设、技术支持、文化营造、社会实践以及家校合作等多方面的共同努力。通过构建全面系统的网络道德教育体系、科学规范的网络行为监管机制、安全健康的网络环境、积极向上的网络文化氛围以及家校协同的网络道德教育网络等措施的实施，可以有效提升大学生的网络道德素养和自律能力，为构建清朗的网络空间贡献青春力量。

第四节　引导大学生网络道德行为的方法

随着互联网技术的迅速发展和广泛应用，网络已成为当代大学生生活、学习和社交的重要平台。然而，网络的匿名性和开放性也给大学生的道德行为带来了新的挑战。分析中国高校在德育和法治教育方面的实施情况，探讨大学生道德行为规范的养成及探索，引导当代大学生网络道德行为的具体方法，对于解决网络社会存在的问题具有重要意义。

一、中国高校德育和法治教育实施情况分析

（一）德育教育的实施情况

我国高校在德育教育方面进行了大量的探索和实践。一方面，高校普遍开设了思想政治理论课程，旨在引导学生树立正确的世界观、人生观和价值观。另一方面，高校还注重开展丰富多彩的校园文化活动和社会实践活动，让学生在实践中体验德育的深刻内涵。然而，其中仍存在一些问题，如德育

课程内容与现实生活的脱节、德育方法单一等。

（二）法治教育的实施情况

我国高校在法治教育方面也取得了一定的成效。高校普遍开设了法律基础课程，帮助学生了解基本的法律知识和法治精神。同时，高校还注重开展法治实践活动，如模拟法庭、法律援助等，让学生在实践中感受法治的力量。然而，法治教育仍存在一些问题，如法治教育内容与专业课程的脱节、法治教育师资力量不足等。

二、当代大学生网络道德行为现状分析

当代大学生在网络空间中的道德行为问题，主要表现在以下几个方面：一是网络欺诈行为，如虚假信息的传播、网络诈骗等；二是网络暴力行为，如网络欺凌、恶意评论等；三是网络侵权行为，如侵犯他人隐私、盗用他人作品等。这些问题的存在不仅影响了大学生的个人形象和社会声誉，也对社会的和谐稳定造成了不良影响。

三、当代大学生网络道德行为引导的具体方法

（一）加强网络道德教育

高校应加强对大学生的网络道德教育，将网络道德纳入德育课程体系，通过课堂教学、专题讲座等形式，引导大学生明确网络空间中的道德规范和行为准则。同时，高校还应注重培养大学生的网络道德意识，让大学生认识到网络空间中道德行为的重要性，自觉遵守网络道德规范。

（二）完善法治教育机制

高校应完善法治教育机制，将法治教育与网络道德教育相结合，让大学生了解网络空间中的法律法规和权利义务。通过法律基础课程和法治实践活

动，提高大学生的法律意识和法律素养，引导大学生在网络空间中自觉遵守法律法规，维护网络空间的法治秩序。

（三）强化自律意识培养

高校应注重培养大学生的自律意识，引导大学生在网络空间中自觉遵守道德规范和行为准则。通过校园文化活动和社会实践活动，让大学生在实践中体验自律的重要性，养成良好的道德行为习惯。同时，高校还可以通过设立网络道德监督机构、建立网络道德评价体系等方式，加强对大学生网络道德行为的监督和管理。

（四）提高网络素养和媒介素养

高校应加强对大学生的网络素养和媒介素养教育，提高大学生对网络信息的辨别能力和批判性思维。通过开设相关课程、举办讲座和研讨会等方式，帮助大学生掌握网络技能和信息处理能力，引导大学生理性看待网络信息和网络现象，避免盲目跟风和盲目传播。

（五）加强心理健康教育

高校应重视大学生的心理健康教育，特别是针对网络道德行为问题的心理健康教育。通过开设心理健康教育课程、提供心理咨询和辅导服务等方式，帮助大学生建立健康的心态和心理防线，增强对网络道德行为的自我调控能力。

引导当代大学生网络道德行为规范是一项长期而艰巨的任务。高校应全面加强德育和法治教育，完善教育机制，提高教育质量。同时，高校还应注重培养大学生的自律意识、网络素养和媒介素养，加强心理健康教育，为大学生提供全方位的引导和支持。只有这样，才能有效引导大学生在网络空间中树立正确的道德观念，养成良好的道德行为习惯，为社会的和谐稳定作出积极贡献。

第六章　引导大学生网络道德行为对主流价值观培育践行的价值和意义

随着互联网的普及和信息技术的不断发展，网络已经成为大学生日常生活的重要组成部分。网络为大学生提供了信息交流平台以及娱乐工具，同时也带来了一些负面影响。大学生网络道德行为培养成为当前社会关注的重要问题，也是高校德育工作的重要内容之一。

第一节　引导大学生网络道德行为的重要性

网络是一个开放、自由的空间，也是需要遵循一定规则和道德标准的虚拟社会。网络世界不是无法无规之地，网民言行同样需要受到道德规范和法律法规的约束。大学生作为网络用户的主要群体之一，其网络道德行为直接影响到网络环境的和谐与稳定。

一、网络道德是大学生个人健康成长的重要基石

（一）塑造健康的心理和人格

网络道德行为对大学生心理健康和人格发展具有重要影响。随着互联网的迅速发展，网络已经成为现代人生活中不可或缺的一部分，在网络世界中，人们可以自由地表达自己的观点和想法，但同时也存在着许多虚假信息和恶意攻击。互联网技术的迅猛发展与普及改变了传统的社会结构，营造了崭新的网络生活空间，网络生活已经成为大众，尤其是大学生群体日常生活不可或缺的组成部分，并因其虚拟性和隐匿性而受到大学生群体的欢迎。但包括大学生在内的网民在网络空间中的行为依然要遵循公序良俗、道德规范与法律法规，否则同样可能会造成消极甚至是恶劣的社会影响，受到法律的惩戒。当前，大学生网络道德失范的行为屡见不鲜，比如：网络违规、网络侵权、网络暴力、网络犯罪等。究其根本，大学生网络道德失范是内外诸多因素综合影响下的结果，内部因素主要表现为大学生自律性不足，心理认知不成熟，缺乏基本的网络道德意识和法律规则常识，在网络环境中无法做到慎独、慎微，加之受到网上不良信息思潮和价值观念等外部因素的影响，容易产生各种网络道德失范的问题。要从根本上改善当下大学生网络道德失范的问题，最主要是要重视大学生网络道德教育，利用高校这一立德树人的主战场地对大学生进行网络道德教育，使大学生的网络道德发展方向得到正确引导，综合素养水平得到全面提高。良好的网络道德行为可以帮助大学生建立正确的价值观和道德标准，增强他们的自信心和自尊心，促进他们的人格完善。同时，能够使他们更好地应对网络中的不良信息和行为，减少网络成瘾等网络心理问题的发生概率。

（二）提升网络信息素养和判断力

网络道德行为习惯的培养有助于提高大学生的信息素养和判断力。作为网络时代的"数字原住民"，新时代青年大学生是网络信息化程度较高的社会群体之一。大学生身心处于从未成年人向成年人转变的过渡期，世界观、人

生观、价值观的"拔节孕穗期"，尚未定型，加之长期身处校园，接触社会的信息渠道主要是网络，网络负面热点事件折射的社会不良现象和问题影响着大学生的身心健康和成长成才。提高大学生的网络素养能力，不仅关乎网络生态文明建设，还关乎大学生的健康成长，更关乎国家和民族的未来。网络空间的开放性和多元性使得复杂多样的信息、观念突破时空限制，充斥在大学生网络生活中。除了大学生群体外，其他社会群体的网络道德失范行为更为普遍，性质也更复杂，也容易给大学生造成不良影响。因此，在面对海量的网络信息时，大学生需要具备筛选、分析和鉴别优劣信息及抵制不良信息的能力。培养良好的网络道德可以在很大程度上增强大学生的信息素养和判断力，也有助于更充分地利用网络学习资源，提高学习效率。为此，高校要重视校园网络环境和生态的治理和净化。高校相关部门要加强对校园网的监督管理，提高和引进信息过滤、网络舆情预警、信息源追踪、信息破译、网站审核筛查等技术，限制不良网站的接入和不良信息的传播，完善大学生网络言行的监督系统，助力其提高信息甄别能力和网络素养。

二、网络道德是构建和谐网络环境的基础

（一）遵守网络道德规范是大学生应尽的责任

网络道德规范是社会道德在网络空间中的投射，是保障网络环境健康、有序的基本准则。大学生作为社会的精英群体，应当在遵守网络道德规范方面起到表率作用，培养良好的网络道德行为，不仅有助于提高自身的道德素质，还能够引导其他网民遵守规范，共同营造和谐网络环境。互联网时代，大学生作为网络使用的主力军，也肩负着维护网络空间健康、安全、和谐的重要使命。为此，需要引导大学生树立正确的网络道德观念，认真学习网络道德规范，提升其对网络信息的辨别能力，避免成为网络谣言的传播者。同时，大学生必须严格遵守国家法律法规，避免做出任何违法违规行为，尊重他人知识产权和隐私权等。在网络公益方面，大学生应积极参与、传播正能量，为营造积极向上的网络氛围贡献力量。此外，大学生还应关注网络安全

问题、增强安全意识，配合学校和社会共同维护网络安全。在网络互动中，大学生应保持理性、客观、公正的态度，尊重他人观点，不进行人身攻击或恶意挑衅，实现文明互动、和谐共处。

（二）引导网络道德行为有助于减少网络不良影响

引导网络道德行为在减少网络不良影响方面起着重要作用。在相当一段时期内，网络中都会不同程度地存在不良信息和行为，如虚假信息、恶意攻击、色情暴力等，给大学生健康成长带来了严重隐患，同时由于大数据技术的快速发展和应用，个性化推送服务无处不在，使得大学生打开手机容易接触到各种耸人听闻、吸引流量的负面消息与事件，导致他们极易陷入"信息茧房"，如果自身不够坚定，极易沾染不良风气，从而形成错误的价值观。这些不良因素不仅对大学生身心健康造成负面影响，还会由此而引发一系列社会问题。培养大学生的网络道德行为可以增强其识别和抵制不良信息的能力，减少网络不良影响，为构建和谐网络环境奠定基础。通过建立和维持信任与尊重的网络环境，有助于网民共同营造一个积极、友好的网络社区，从而有效减少网络欺凌、诽谤和仇恨言论等不良网络行为。在信息传播方面，遵循网络道德的网民会采取负责任的态度，核实并避免传播不实信息或谣言，有助于减少虚假信息对社会的负面影响。同时，这些网民还会积极参与网络安全保护活动，采取各种措施减少网络攻击、恶意软件和钓鱼欺诈等造成安全威胁。最终，引导网络道德行为有助于培养一种积极的网络文化，鼓励以大学生为主体的广大网民以建设性的方式参与网络活动，共同促进网络空间的健康、和谐发展。

三、引导网络道德行为有助于提升大学生综合素养

（一）引导网络道德行为促进大学生全面发展

在信息化时代，大学生的全面发展不仅包括专业知识的学习能力，还包括思想道德素质、心理素质、人际交往能力等方面的提升。良好的网络道德

行为是大学生综合素质的重要体现。培养网络道德行为有助于提高大学生的思想境界和道德水平，增强其抵御不良信息的能力，进而促进其全面发展。

首先，引导网络道德行为有助于培养大学生的道德观念和社会责任感。在网络空间中，大学生需要学会尊重他人、保护个人隐私、避免恶意攻击和诽谤。这些行为不仅体现了对他人的尊重和关爱，也反映了大学生对社会的责任感和担当意识。通过引导网络中的道德行为，大学生能够逐渐树立起正确的道德观念，从而形成健全的人格品质。

其次，引导网络道德行为有助于提升大学生的信息素养和批判性思维。在网络时代，信息呈爆炸式增长，真伪难辨。大学生需要具备筛选、分析和判断信息的能力，以便获取有价值的知识和信息。网络道德规范要求大学生在获取信息时保持客观、公正的态度，不传播不实信息。通过这一引导教育，大学生能够逐渐提升自己的信息素养和批判性思维，培养独立思考和解决问题的能力。

最后，引导网络道德行为还有助于促进大学生心理健康和提高其人际交往能力。在网络空间中，大学生可以结交来自世界各地的朋友，拓宽自己的视野和交际圈。然而，网络交往也带来了一些问题，如网络欺凌、诽谤等问题。这些不良行为会对大学生的心理健康造成负面影响。因此，网络道德规范要求大学生在网络交往中保持友善、诚信的态度，尊重他人权利和感受。通过引导教育，大学生能够建立起健康的人际关系，促进自身心理健康和人际交往能力。

总之，引导网络道德行为对于大学生的全面发展具有重要意义。它不仅能够培养大学生的道德观念和社会责任感，提升信息素养和批判性思维，还能够促进心理健康和人际交往能力。因此，大学生应该重视网络道德行为的培养，让网络成为自己成长道路上的良师益友。

（二）引导网络道德行为有助于培养大学生的良好习惯

良好的习惯是大学生健康成长成才的关键因素之一。当前，网络空间的开放性和匿名性带来了一系列的挑战，包括信息泛滥、网络欺凌和隐私泄露等问题。因此，网络道德行为的培养显得尤为重要。它不仅有助于维护网络空间的健康与和谐，更有助于培养大学生在日常生活中形成一系列良好的习惯。

首先，网络道德规范要求大学生在网络上保持诚信。这包括在发布信息时保持真实可靠，不传播虚假消息或谣言。通过坚持诚信原则，大学生能够在现实生活中建立起良好的信誉，形成诚实守信的品格。

其次，网络道德规范强调尊重他人。在网络空间中，尊重他人的隐私和权利至关重要。大学生需要学会在网络交往中尊重他人的观点和感受，避免恶意攻击和诽谤。这种尊重他人的习惯能够促使大学生在日常生活中更加关注他人的需求，形成良好的人际关系。

再次，网络道德规范还鼓励大学生勇于承担社会责任。在网络空间中，大学生可以积极参与公益活动，传播正能量，为社会健康发展作出贡献。这种社会责任感的培养有助于大学生在现实生活中更加关注社会问题，积极参与社会事务，形成积极向上的生活态度。

最后，网络道德规范要求大学生保持自律。在网络世界中，诱惑和干扰无处不在。大学生需要学会抵制不良信息的诱惑，保持自律，不沉迷于网络游戏或虚拟世界。这种自律精神能够促使大学生在现实生活中更好地管理自己的时间和精力，形成健康的生活习惯。

综上所述，引导网络道德行为有助于培养大学生在诚信、尊重、社会责任感和自律等方面的良好习惯。这些习惯不仅有助于大学生在网络空间中健康成长，也有助于他们在现实生活中形成健全的人格品质，为未来发展奠定坚实基础。

四、引导网络道德行为有助于维护社会稳定和提高安全意识

（一）引导网络道德行为有助于维护社会稳定

网络空间的稳定与安全是全社会共同关注的问题。在网络世界中，大学生作为主要的用户群体之一，其言论和行为往往具有较大的影响力。

1. 减少网络冲突与矛盾

网络道德规范强调公正、公平和诚信，这有助于减少网络上的冲突和矛盾。例如，当网络用户遵循道德规范，不传播谣言、不进行恶意攻击时，网络空间的氛围会更加和谐，从而减少因网络冲突引发的社会问题。

2. 促进信息真实传播

网络道德规范要求网民在发布和传播信息时保持真实可靠。这有助于减少虚假信息的传播，降低因错误信息引发的社会恐慌和不安定因素。真实可靠的信息传播有助于公众作出理性判断，从而维护社会稳定和正常秩序。

3. 增强社会凝聚力

网络道德规范强调尊重他人、尊重多元文化。这有助于促进不同文化、不同群体之间的理解和包容，增强社会凝聚力。当网络用户能够遵守道德规范，尊重他人权利和感受时，网络空间将成为一个更加和谐、包容的社区，从而有助于维护社会稳定和谐。

4. 培养公民责任感

网络道德规范要求网民承担社会责任，积极参与网络公益事业。这有助于培养大学生的公民责任感，使他们在现实生活中更加关注社会问题，积极参与社会事务。一个具有公民责任感的社会将更加稳定，因为每个成员都愿意为社会繁荣和稳定贡献自身力量。

5. 形成良好社会风尚

良好的网络道德有助于形成良好的社会风尚，使人们在日常生活中更加注重道德规范，遵守社会规则。这种良好风尚的形成将为社会稳定奠定坚实的基础。

综上所述，引导网络道德行为、减少网络冲突与矛盾，推动进信息真实传播，增强社会凝聚力，培养公民责任感，形成良好社会风尚，维护社会稳定。我们应该积极倡导和践行网络道德规范，共同创造和维护和谐、稳定、繁荣的网络空间。

（二）引导网络道德行为有助于提高网络安全意识

网络安全意识是保障个人和社会信息安全的重要前提。大学生应当具备较高的网络安全意识。通过培养大学生网络道德行为，可以增强其对网络安全问题的认识和防范能力，减少个人信息泄露、遭受网络诈骗等安全风险，从而提高网民整体的网络安全意识。

1. 培养自我保护意识

大学生在网络活动中保持谨慎和警觉，这自然促进了大学生对自身信息安全的关注。大学生会更加注意保护个人隐私，避免在公共网络环境中泄露敏感信息，从而降低个人信息被滥用的风险。

2. 增强风险识别能力

遵循网络道德的大学生会学习如何识别网络中的潜在风险，如钓鱼网站、恶意软件等。他们通过识别这些风险，能够主动避免点击可疑链接或下载不明来源的文件，从而减少被网络攻击的风险。

3. 促进安全习惯的形成

大学生在使用网络时应遵循安全规范，如使用强密码、定期更新软件、启用防火墙等。这些行为有助于形成良好的安全习惯，使其在日常生活中更加关注网络安全，从而有效防范网络威胁。

4. 提升网络素养

通过学会如何在网络空间中保持诚信、尊重他人，并避免参与网络欺凌、诽谤等不良行为，使大学生更加了解网络空间的规则和边界，从而更加关注网络安全。

5. 传播安全文化

网络道德行为规范的践行者会成为网络安全文化的传播者。他们通过分享自己的安全经验和知识，影响身边的人，形成一种积极安全的文化氛围。这种文化能够促使更多人关注网络安全，从而提高整个社会的网络安全意识。

综上所述，引导网络道德行为在提高网络安全意识方面具有重要意义。通过培养自我保护意识、增强风险识别能力、促进安全习惯的形成、提升网络素养以及传播安全文化等方面，网络道德行为的引导有助于提升用户的网络安全意识，从而保障网络空间的安全和稳定。

五、加强大学生网络道德教育的对策建议

为提高大学生网络道德行为水平，需要从以下几个方面加强大学生网络道德教育。

（一）加强大学生思想政治教育

思想政治教育是培养大学生良好思想道德素质的重要途径，加强大学生思想政治教育，对于塑造大学生网络道德规范具有至关重要的意义。通过培养正确的道德观念，增强社会责任感，大学生能够认识到网络行为同样需要遵循道德规范，维护网络空间的和谐与稳定。同时，大学生思想政治教育还注重提升大学生的甄别和分析能力，使他们能够更好地识别网络中的不良信息，避免受到误导。此外，通过自律意识的形成，大学生能够自觉遵守网络道德规范，不传播虚假信息、不参与网络欺凌等。这些举措为构建健康、有序的网络环境提供了良好条件，为大学生健康成长成才提供了有力保障。因此，加强大学生思想政治教育不仅有助于提升大学生的综合素质，还有利于加强大学生网络道德规范，为培养德才兼备的社会主义建设者和接班人奠定坚实基础。因此，高校应当加强对大学生的思想政治教育，引导其树立正确的世界观、人生观和价值观。同时，还应当注重培养大学生的法治观念和网络安全意识，使其自觉遵守网络道德规范和法律法规，从而为引导大学生培育良好网络道德素养、建设和谐网络提供良好条件。

（二）完善网络道德教育课程体系建设

网络道德教育课程体系建设对于加强大学生网络道德规范具有举足轻重的意义。随着互联网的普及，网络空间已成为大学生日常生活和学习的重要部分，但同时也带来了诸多道德挑战。构建完善的网络道德教育课程体系，

不仅能系统传授网络道德知识，帮助大学生树立正确的网络道德观念，还能培养他们的道德判断能力和自律意识。这样的教育将引导大学生在网络空间中保持清醒的头脑，积极参与网络公益活动，传播正能量，共同维护健康、文明的网络环境。因此，加强和完善网络道德教育课程体系建设，对于提升大学生的网络道德素质，促进他们在网络空间中的健康发展，具有至关重要的作用。为此，高校应设立专门的网络道德教育课程，将中华优秀传统文化等相关资源进行加工后融入其中，并纳入课程体系，如：通过案例分析、角色扮演等形式系统传授网络道德知识，以增强教育效果。加强师资培训，提升教师的网络素养和德育网络教育水平。同时，开展网络道德主题教育，如班会、知识竞赛等，以增强学生的网络道德认识。此外，构建家校合作机制，共同关注学生的网络行为，并通过新媒体平台加强网络道德宣传教育工作。另外，完善校园网络管理制度，规范网络使用行为，杜绝不良信息传播。最后，注重实践教育，鼓励学生参与网络公益活动，培养他们的社会责任感和奉献精神，这些措施将共同促进大学生网络道德素质的提升。

（三）强化网络道德宣传和教育

加强网络道德宣传和教育对于提高大学生的网络道德水平具有显著而积极的影响。在当前信息技术高速发展的背景下，网络空间已成为大学生生活、学习的重要场所，但伴随而来的是一系列道德挑战。为了有效应对这些挑战，我们需要采取一系列措施。

首先，利用校园网站、网络社交媒体等新媒体平台定期发布网络道德宣传内容，如文章、视频、图片等，以直观、生动的形式向大学生传递正确的网络道德观念。这些内容可以涵盖网络道德的基本原则、规范和标准及网络道德在实际生活中的应用，以之帮助大学生深入了解网络道德的重要性。其次，结合体系化的网络道德教育课程，我们可以通过课堂讲解、案例分析、角色扮演等形式，向大学生传授网络道德知识。这些课程可以纳入到学校德育课程体系中，作为选修课程，使得此类课程尽可能覆盖全面，力求实现大学生都能接受到网络道德教育。同时，还可以邀请专家学者或业界人士举办讲座、研讨会等活动，分享网络道德方面的经验和见解，进一步拓宽学生的视野和思路。此外，学校可以组织网络道德主题教育，如网络道德知识竞赛、网络道德主题班会等。这些活动可以增强学生的参与感和体验感，让他们在轻松愉快的氛围中学习网络道德知识，提升道德判断能力。学校还可以建立网络道德监督机制，鼓励学生积极举报网络不良行为，共同维护良好的网络环境。最后，家庭作为大学生成长的重要环境，也需要积极参与到网络道德宣传和教育中。学校可以与家长建立沟通机制，定期向家长宣传网络道德知识，引导家长关注孩子的网络行为，共同营造健康的网络环境。

综上所述，通过新媒体平台宣传、网络道德教育课程、主题教育和家校合作等多种实施方法，我们可以有效强化网络道德宣传和教育，提升大学生的网络道德素质，为他们在网络空间中的健康发展提供有力保障。

（四）建立网络道德教育评价体系

为了全面加强大学生的网络道德教育并提升他们的网络道德素质，需要计划实施一系列工作举措以建立一个完善的网络道德教育评价体系。首先，结合网络道德教育课程内容设立考核机制，以评估学生对网络道德知识的掌握情况。其次，开展网络道德实践活动，设计道德判断任务让大学生在实践中锻炼道德判断能力，并鼓励大学生参与网络公益活动，如网络志愿者服务等，以评估其网络公益参与度。再次，建立评价体系，设计包含定量和定性评价题目的问卷或评价表，用于收集大学生的网络道德行为、态度和品质的数据，并设立定期的评价周期，确保评价的时效性和准确性。最后，持续改进评价体系，通过收集教师、学生和家长的反馈意见，分析评价体系的实施效果和问题，并据此制订相应的改进措施。这些举措将在一定程度上助推网络道德教育评价体系的有效运行，为大学生在网络空间中的健康发展提供有力保障。

六、网络道德行为的引导对校园文化建设和社会发展的积极作用

（一）促进校园文化建设

引导网络道德行为作为校园文化建设的重要组成部分，在校园文化建设中发挥着至关重要的作用。首先，良好的网络道德行为有助于塑造健康向上的校园氛围。在网络空间中，学生们通过遵守道德规范，积极传播正能量，避免恶意攻击、造谣传谣等不良行为，为校园文化注入了一股清新之风。其次，良好的网络道德行为能够提升大学生的道德素质和社会责任感。在网络环境中，学生们需要自觉遵守道德规范，对自身言行负责。通过道德实践和自我反思，大学生们的道德素质和责任感将得到进一步提升，成为校园文化建设的积极推动者。再次，良好的网络道德行为还能够促进校园文化的多元化发展。在网络空间中，大学生们可以接触到来自世界各地的信息和思想，从而拓宽自身眼界和思维。通过积极参与网络交流和讨论，大学生们可以将这些多元化的文化元素融入到校园文化中，丰富校园文化的内容和形式。良好的网络道德行为还能够为校园文化建设提供有力的支持。在网络时代，校园文化建设需要借助网络平台进行传播和推广。良好的网络道德行为可以确保校园文化在网络空间中的正面传播，避免不良信息的干扰和破坏，为校园文化建设提供有力的保障。

总之，网络道德行为引导在校园文化建设中具有不可替代的作用。我们应该积极倡导和践行良好的网络道德行为，为校园文化建设的繁荣发展贡献力量。

（二）推动社会文明进步

大学生作为社会的未来栋梁，他们的思想和行为代表着新一代青年的风貌，其网络道德行为对社会文明进步具有重要影响。通过培养大学生网络道德行为，可以引导全社会形成良好的网络道德风尚，推动社会的文明进步。

首先，良好的网络道德行为能够塑造积极向上的网络文化环境。在网络

空间中，遵守道德规范的用户能够避免发布虚假信息、恶意攻击和造谣传谣等不良行为，从而营造一个健康、和谐、积极的网络文化环境。这种环境不仅有利于个人的健康成长，还能促进社会的和谐稳定。其次，良好的网络道德行为能够提升公众的道德素质和文明程度。网络道德行为不仅涉及个人网络言行，更涉及社会公德和职业道德等方面。通过在网络空间中遵守道德规范，人们能够逐渐养成良好的道德习惯，将这种习惯延伸到现实生活中，从而提升整个社会的道德素质和文明程度。再次，良好的网络道德行为还能够促进社会正能量的传播。在网络空间中，遵守道德规范的用户能够积极传播正能量，分享有价值的信息和观点，帮助他人解决问题，传播社会正能量。这种正能量的传播能够激励更多的人投身到社会公益事业中，共同推动社会的进步和发展。最后，良好的网络道德行为对于维护社会稳定和安全也具有重要作用。网络空间中的不良行为可能会引发社会矛盾和冲突，甚至可能危害到社会的稳定和安全。而遵守网络道德规范的用户能够自觉抵制不良行为，维护网络空间的秩序和稳定，为社会的和谐作出贡献。

第二节　网络空间中社会主义核心价值观的培育与践行

随着互联网和信息技术的迅速发展，网络空间已经成为人们获取信息、交流思想、传播知识、休闲娱乐的重要平台。在这一平台上培育践行社会主义核心价值观对于促进社会和谐稳定、推动国家长治久安具有重要意义。本节将从以下几个方面探讨如何在网络空间中培育践行社会主义核心价值观。

一、加强宣传教育，提高网民对社会主义核心价值观的认同

（一）创新宣传方式

为提高广大网民对社会主义核心价值观的认识和理解，可采取创新性的宣传途径和传播方式。首先，利用新媒体平台，如网络论坛和社区，发布与社会

主义核心价值观相关的内容，以吸引网民的关注和参与学习、讨论，通过主讲人讲解和与受众交流，强化宣传成效。其次，通过创建互动参与机制，如网络问卷调查和线上知识竞赛，激发网民学习兴趣和参与热情。同时，创新宣传展现方式，如原创文章、视频、动漫和游戏，以生动有趣的方式向网民传播社会主义核心价值观的精神内涵。再次，强化网络监管，严格内容审核，打击网络谣言，弘扬社会主义核心价值观等主旋律、传播向上向善的网络正能量，建设和维护清朗网络空间。此外还可邀请专家学者和知名人士发表建设性意见，培养网络意见领袖，使其成为社会主义核心价值观的积极传播者。最后，结合传统文化元素，挖掘和传承传统文化中的价值理念精髓，举办丰富的优秀传统文化活动，让网民在参与中感受优秀传统文化的魅力，从而深入理解社会主义核心价值观的深刻内涵。这些创新宣传方式将有效提高网民对社会主义核心价值观的认识和理解，推动网络空间的健康发展和社会文明的进步。

（二）丰富宣传内容

丰富多元的宣传内容、注重提高宣传供给侧质量，这些都有利于提高网民对社会主义核心价值观的认识和理解，使其更好地理解社会主义核心价值观的深层意蕴。可以结合历史事件、现实案例以及网络热点，深入剖析社会主义核心价值观在实际生活中的应用和实践，引发网民在情感和精神上的共鸣。例如，通过讲述雷锋、焦裕禄等英模人物的故事，阐述爱国主义和为人民服务精神；同时，深入挖掘传统文化中的优秀元素，将社会主义核心价值观与传统文化相结合，以独特的文化视角进行解读，提升网民的文化认同感。"内容为王、形式为要"，内容往往需要适当形式加以呈现才能达到最佳宣传效果，因此在考虑内容传播适配表现形式上，应根据内容引入动画、短视频、漫画等多样化手段，使宣传内容更加生动有趣，吸引不同年龄段网民的关注。此外，组织线上和线下的互动活动，如知识竞赛、主题征文、网络直播等，鼓励网民积极参与，通过实践加深理解。在宣传过程中，我们需注重内容的科学性和准确性，避免歪曲社会主义核心价值观的原意，并根据不同网民的需求和背景制订个性化宣传方案。以此来深化网民对社会主义核心价值观的认识和理解，推动社会文明进步，营造和谐稳定的网络环境。

（三）扩大宣传范围

为提高网民对社会主义核心价值观的认识和理解，需要采取一系列策略进一步扩大宣传范围。首先，通过多媒体渠道进行广泛传播，如电视、广播、报纸以及各大网络平台，确保信息能够覆盖更广泛的受众群体。其次，深入社区、学校、企事业单位等，开展面对面的宣讲活动，让社会主义核心价值观更加贴近民众生活。再次，与知名网络平台、意见领袖和媒体合作也是关键，借助其影响力和粉丝基础，将宣传内容推送给更多人。通过这些措施，来扩大宣传范围，让更多人了解、认同并践行社会主义核心价值观。最后，还可以针对不同年龄、职业和地域的网民，制订不同的宣传策略。如：对于年轻人，可以通过社交媒体和网络直播进行宣传；对于中年人，可以通过新闻报道和专题讲座进行宣传；对于老年人，可以通过电视、报纸等传统媒体进行宣传。

二、注重实践体验，引导网民在日常生活中践行社会主义核心价值观

（一）拓展实践途径

为了引导网民在日常生活中深入践行社会主义核心价值观，可采取系列、多元的拓展实践形式。首先，通过线上挑战、征文比赛和互动游戏，激发网民参与热情，令其在轻松愉快的氛围中学习、理解并接受和践行社会主义核心价值观。其次，利用社交媒体平台广泛传播社会主义核心价值观的理念和故事，提高公众关注度。同时，组织线下志愿者活动、讲座和研讨会，让网民能够亲身体验并深入了解社会主义核心价值观的重要性。此外，通过学校教育、企业培训和家长学校等途径，将价值观教育融入日常，使其成为每个人的道德规范和行为准则。政府也应出台相关政策，鼓励社会各界共同推动社会主义核心价值观的普及和践行，同时建立健全监管机制，维护社会公正

和道德风尚。最后，通过跨界合作和资源整合，形成全方位、多渠道的宣传和教育网络，持续监测和评估践行活动的效果，不断提高活动的针对性和有效性。这样，我们就能够引导大学生网民在日常生活中积极践行社会主义核心价值观，共同促进社会的和谐稳定和文明进步。

（二）强化实践引导

强化实践引导，有效引导网民在日常生活中践行社会主义核心价值观是一项重要任务。可通过线上线下相结合的教育活动，定期发布社会主义核心价值观内容并组织各类实践活动，让网民深入学习和参与。同时，树立先进典型作为榜样力量，以激励更多人加入践行社会主义核心价值观的行列中。通过创新传播方式，利用新媒体手段生动展现社会主义核心价值观的内涵，提高传播效果。加强法律法规建设，明确网络行为规范和道德准则，严厉打击违背社会主义核心价值观的行为。鼓励网民自我约束、文明上网和理性表达，共同维护网络生态。此外，家庭教育与社会教育相结合，从多个维度培育网民的道德观念和公民意识。建立反馈机制，及时收集网民的反馈和建议，不断改进工作策略，确保社会主义核心价值观在大学生网民日常生活中得到有效践行。

（三）建立激励机制

对在网络空间中积极践行社会主义核心价值观的网民进行表彰和奖励。例如可以设立优秀个人奖、优秀团队奖等表彰制度，并酌情给予一定的物质奖励，以此激发更多人参与到践行社会主义核心价值观的行动中来。还可以通过网络投票、点赞等方式让网民自主评选出他们心中的"最美志愿者""最美家庭"等优秀典型，进一步激发网民参与的积极性、主动性，形成良好的社会氛围。设立"社会主义核心价值观践行者"荣誉称号，以表彰在日常生活中表现出色的网民，并通过盛大的颁奖典礼提升社会关注度；实施积分奖励制度，鼓励网民在社交媒体上积极行为，如发布正能量内容和举报网络谣言，以换取礼品和参与活动的机会；推广"正能量"标签，对符合该标签的原创内容进行优先展示和推荐，并设立奖励机制以表彰优秀内容；加强网络文明教育，通过线上课程和讲座等方式普及社会主义核心价值观和网络道德规范；与政府部门、企业和社会组织建立合作机制，共同推动网络文明建设和社会主义核心价值观的宣传。此外，我们还可加强监管和评估机制，确保激励机制的公平、公正、公开，并根据反馈意见不断调整和完善。这套激励机制旨在通过多元化的方式，全面有效地引导包括大学生在内的广大网民践行社会主义核心价值观，共同营造积极、健康、向上的网络空间。

三、强化监管力度，维护网络空间的秩序和社会公德心

（一）完善法律法规

为了维护网络空间的秩序和社会公德心，首先，我们亟须完善相关法律法规，这不仅是网络空间秩序的基石，更是确保网络行为符合社会道德和公共利益的关键。要进一步建立健全网络法律法规体系，对网络谣言编造传播者严肃追究责任从严惩处，打击网络暴力恶意举报等行为，维护网络空间的良好秩序。其次，还应对网络平台的内容进行严格审查和管理，对不符合社会主义核心价值观要求的内容予以屏蔽和清理。制订和完善网络法律法规，加强对网络犯罪的打击力度，明确网络谣言、网络暴力等行为的法律责任和处罚措施。同时，网络平台作为信息传播的重要渠道，应承担主体责任，对平台内容进行严格审核和管理。再次，加大对违法违规行为的处罚力度，形成强大的震慑效应，对严重危害网络安全和社会公德心的行为，依法追究刑事责任。同时，我们还应加强道德修养和公德心的培养，通过网络教育和社区宣传等方式，普及网络公德心的重要性，提升广大网民的道德素养，并鼓励他们自觉遵守网络法律法规，树立正确的网络价值观。为确保法律法规的有效实施，需健全监管机制，加强对网络平台和网络行为的日常监管，并定期对法律法规的实施效果进行评估，根据反馈意见及时调整和完善。最后，加强国际合作，参与国际网络法规的制订和完善，共同打击跨国网络犯罪，促进全球网络空间的健康发展。从法律法规、监管、教育、技术创新、行业

自律和舆论引导等多个方面入手，形成合力，共同构建一个健康、有序、文明的网络空间。

（二）加强技术监管

首先，建立先进的网络安全监测和预警系统，利用大数据和人工智能技术对网络流量、用户行为、网络活动等进行实时分析，以便及时发现和预警潜在的网络攻击、恶意传播谣言、非法内容传播等风险。其次，投入更多资源用于网络安全技术的研发，特别是针对新兴网络的技术研发。这包括强化网络防御系统，如防火墙、入侵检测系统及加密通信技术等，以保护用户数据和通信安全。同时，发展网络溯源技术，以便在发生网络攻击时能够迅速定位攻击源，并采取相应措施。再次，在明确技术监管责任方面，政府部门应建强网络安全监管机构，明确监管职责和权限，制订监管规则和流程，并加强与其他部门的协作以形成合力。对网络安全技术人员进行专业培训，提高监管队伍的专业化水平。

（三）建立诚信机制

首先，诚信机制的建立需要从法律法规层面明确网络诚信的行为标准和规范。制订和完善相关法律法规，将网络诚信纳入法律范畴，明确网络主体在网络空间中的权利和义务，以及违反诚信原则所需承担的法律责任，为构建清晰、明确的网络诚信环境提供有力支撑。构建统一的网络信用记录系统，引入积分制度，根据网络主体的行为表现给予相应的积分奖励或惩罚，可以为网络主体提供一个可量化的信用评价依据，还可以为监管部门提供有效的监管手段，对失信行为进行及时干预和惩戒。

其次，在提升网络诚信意识方面，开展广泛的网络诚信教育宣传活动。通过宣传诚信文化、普及网络诚信知识、树立诚信典型等方式，提高受众群体对网络诚信的认识和重视程度。同时，鼓励学校、企业和社会组织加强网络诚信教育，培养网民的诚信意识和道德素质。只有每个人都树立起诚信意识，才能共同营造一个诚信的网络环境。推动行业自律也是建立诚信机制的重要一环。网络行业组织或监督机构应当发挥积极作用，制订行业准则和行为规范，明确网络平台的责任和义务。利用大数据、人工智能等技术手段对网络主体的信用状况进行实时评估和监控，及时发现和处理失信行为。引入区块链技术确保网络交易的透明性和可追溯性，提高网络交易的诚信度。这些技术手段的应用将为网络诚信的监管和评估提供更加精准、高效的支持。

最后，建立失信惩戒机制是维护网络诚信的必要手段。对网络失信行为进行公示和曝光，提高网络失信成本，以此促进形成有效的网络行业自律机制，并借助技术手段来加强网络诚信的监管和评估，以此形成强大的震慑效应。通过限制网络活动、追究法律责任等方式让网络失信者付出应有的代价。同时，鼓励社会各界参与网络失信惩戒，共同维护网络诚信的良好氛围。

第三节　引导大学生网络道德行为对构建清朗网络空间的意义与价值

网络空间是亿万民众共同的精神家园，维护网络空间天朗气清、生态良好，是全社会共同的责任。大学生作为网络空间的重要主体，其网络道德行为不仅关系到个人的成长和发展，更关系到网络空间的健康有序。因此，研究引导大学生网络道德行为对构建清朗网络空间的意义与价值，对于促进大学生全面发展、营造良好网络生态具有重要的现实意义和理论价值。

通过加强网络道德教育、完善网络监管机制、营造良好的网络环境和强化个人自律意识等策略的实施，可以有效提升大学生的网络道德行为水平，为构建清朗网络空间贡献力量。要达到这一目标，必然需要政府、社会、高校和每个人的持续关注和共同努力。

一、引导网络道德行为对网络环境的积极影响

网络空间作为现代社会信息交流的重要平台，其环境的健康与否直接关

系到亿万网民的精神文化生活。大学生在网络空间中遵守道德规范，不发布虚假信息、不传播恶意言论、不侵犯他人隐私等，这样的行为有助于维护网络空间的秩序，减少网络暴力、网络欺诈等不良行为的发生，为所有网络用户营造一个和谐、健康的网络环境。

良好的网络道德行为会对网络环境产生积极影响。它不仅有助于维护网络空间的秩序和稳定，减少网络欺诈、攻击等违规行为，还保护了网民的合法权益，如知识产权和隐私权等。此外，网络道德鼓励真实、准确、合法的信息传播，促进了知识的共享和学术研究的健康发展。在网络社交中，它通过建立真实、可靠的人际关系，增强了网络空间的信任度。网络道德规范倡导文明、健康的网络文化，抵制低俗、暴力等不良信息，提升了网络文化的品质。更为重要的是，网络道德规范为网络技术的创新与发展提供了合法、合规的应用环境，确保了技术的健康发展，并在维护网络空间安全稳定方面发挥重要的反哺、促进作用。

二、引导网络道德行为对社会道德风尚的引领作用

在当今信息时代，良好的网络道德行为正逐渐成为塑造社会道德风尚的重要力量。它不仅通过自身的示范效应，为公众树立了道德标杆，更在潜移默化中强化了社会成员的共同道德观念。良好的网络道德行为所蕴含的尊重、诚信、公正等价值观，在网络空间中得到了广泛的传播与实践。这种正能量的传递，不仅提升了人们的道德认知水平，更在内心深处塑造了健康、积极的心理习惯。当人们在网络空间中遵循这些道德准则时，他们也在现实生活中展现出更加高尚的道德品质。此外，良好的网络道德行为还为道德教育提供了全新的途径。通过网络平台，道德知识得以迅速传播，让更多人接触到并理解道德的重要性。这种实时性和互动性的教育方式，使得道德教育更加生动、有趣，从而优化了教育的效果。值得一提的是，良好的网络道德行为激发了人们对他人的关怀。在网络空间中，人们更便于感受到他人的需求与困境，从而激发出对弱势群体的关爱与帮助。这种关怀不仅体现在网络言论

和行动上，更促使人们将这份关爱延伸到现实生活中，积极参与社会公益事业和慈善事业。

大学生作为社会的精英和有生力量，其行为往往会对社会产生一定的影响。在网络空间中，大学生的网络道德行为同样具有引领作用。大学生通过网络展现出的高尚道德情操和文明礼貌，能够激发更多人的道德自觉，推动整个社会的道德风尚向善向好。这种引领作用不仅体现在网络空间，还会影响到现实生活中的道德行为，促进社会的整体道德水平提升。

三、通过教育培养和提升大学生的网络道德意识

要培养和提升大学生的网络道德意识，需要从教育入手。首先，高校应将网络道德教育纳入课程体系，通过专门的课程引导学生了解网络道德的重要性，学习网络道德规范和行为准则。其次，高校可以通过举办讲座、研讨会等活动，邀请专家学者为学生讲解网络道德的相关知识和案例，增强学生对网络道德的理解和认识。此外，高校还可以利用校园媒体、网络平台等渠道宣传网络道德知识，营造良好的校园网络文化氛围。同时，高校应建立健全网络道德监督机制，对学生的网络行为进行监督和引导，及时发现和纠正不良行为。

除此之外，建立相应的奖惩机制也是必不可少的。通过设立明确的奖惩标准，对于遵守网络道德规范、积极参与网络公益活动、在网络空间中传播正能量的大学生，给予表彰和奖励，如颁发证书、提供奖学金或实习机会等，以激励他们继续保持良好的网络行为的大学生。对于违反网络道德规范、参与网络谣言传播、侵犯他人权益等不良行为的大学生，给予相应的惩罚，如警告、通报批评等，警示和纠正其不当行为。这种奖惩机制的实施，不仅能够强化大学生的网络道德意识，还能促进他们形成良好的网络行为习惯。受到激励和约束，大学生将更加自觉地遵守网络道德规范，维护网络空间的纯净和有序。这将为他们未来成长和发展奠定坚实的基础，同时也为社会培养了具备良好网络道德素质的人才。

第七章　协同育人机制下大学生网络
道德教育及其成效

　　本部分主要是对协同育人机制下大学生网络道德教育的重要性及成效进行分析，为培养具有高尚网络道德情操、深厚文化底蕴的新时代大学生提供借鉴。

第一节　协同育人机制概述

　　在当今社会，教育的广度与深度正以前所未有的速度拓展，单一的教育模式已难以满足培养未来社会所需复合型人才的需求，因而协同育人机制应运而生，成为推动教育创新、促进人才全面发展的关键路径。顾名思义，协同育人是指通过整合多方教育资源与力量，包括学校、企业、科研机构、社会组织及家庭等，形成优势互补、资源共享、责任共担的育人共同体。它打破了传统教育界限，构建开放、包容、灵活的教育生态系统，为大学生提供更加丰富的学习体验与实践平台。在协同育人的框架下，高校不再是孤立的教育主体，而是作为连接点，积极寻求与外界的合作与交流，将理论知识学习与社会实践紧密结合，让大学生在真实情境中探索成长。全方位、多层次协同育人体系不仅能够培养出更多具备创新精神和实践能力的高素质人才，还能够为社会经济的可持续发展注入强劲动力。

一、定义与内涵

（一）基本定义

协同育人是一种学校、家庭、社会及学生自身等多方力量共同参与、相互协作的教育模式，同时也是一种新型的参与式学习方式。它强调学生以活动性参与到教学过程中，通过实践活动和互动交流，不仅可以获得知识技能，还能丰富自身的情感和思维，促进个人全面发展。在这一过程中，教师、学校、家庭、社会乃至企业、科研机构等多个主体共同参与，形成合力承担育人责任。

（二）内涵解析

1. 多元主体参与：协同育人的核心在于多元主体的共同参与。学校作为教育的主阵地，发挥着主导作用；家庭是大学生的第一所学校，对孩子的成长有着深远的影响；社会则为大学生提供了广阔的实践舞台和丰富的教育资源。另外，企业、科研机构等也是协同育人的重要参与者，通过提供实习实训机会、科研项目合作等方式，助力学生将理论知识转化为实践能力。

2. 资源共享与优势互补：协同育人机制下，各参与主体之间通过资源共享和优势互补，实现教育资源的优化配置和高效利用。学校拥有完善的教学体系和师资力量，家庭则提供情感支持和个性化教育，社会则拥有丰富的实践资源和多元文化，企业、科研机构则拥有先进的技术和研发能力。这些资源的整合与共享，为学生提供了更加丰富多元的学习环境和成长路径。

3. 注重全面发展：协同育人不仅仅关注知识的传授和技能的训练，更注重学生的人格、情感、社会责任等方面的培养，也为传统优秀文化对学生德育发挥教化作用提供了广阔空间。协同育人强调大学生的主体性、创造性和批判性思维的发展，鼓励大学生积极参与社会实践和志愿服务活动，培养大学生的社会责任感和公民意识。同时，协同育人还关注大学生的个性化需求，尊重其个性差异，提供多元化的育人服务。

4. 强调互动与合作：协同育人机制下，各参与主体之间需要保持密切的沟通和合作。学校要在政府统一领导下，积极与家庭、社会、企业、科研机构等建立联系和互动机制，了解大学生家庭和社会背景及企业用人需求和技术发展趋势等信息。各参与主体之间还应加强协作，确保协同育人顺利实施和有效推进。

5. 追求协同效应：协同育人的最终目标是实现"1+1>2"的协同效应。通过各参与主体的共同努力和协作配合，形成合力推动大学生全面发展和成长成才。这种协同效应不仅体现在教育资源的优化配置和高效利用上，还体现在大学生的综合素质提升和创新能力培养上。

二、传统文化融入协同育人机制具体分析

中华优秀传统文化作为中华民族的精神命脉和文化基因，蕴含着丰富的道德智慧与育人理念，为构建协同育人机制、促进网络道德教育资源的整合、教育方式的创新及教育效果的增强提供了深厚的文化土壤和不竭的灵感源泉。

（一）中华优秀传统文化与网络道德教育资源的整合

中华优秀传统文化中"仁爱""诚信""礼义廉耻"等核心价值观念，为网络道德教育资源的整合提供了坚实的价值导向。深入挖掘这些优秀的文化资源，将其转化为网络道德教育的内容素材，如利用历史故事、成语典故、诗词歌赋等形式将网络诚信、文明交流、尊重隐私等道德要求融入其中，使网络道德教育内容更加生动丰富，容易达到入脑入心效果。此外，还可借助现代信息技术，如虚拟现实（VR）、增强现实（AR）等技术将传统文化元素以数字化、互动化的方式呈现，让青少年在沉浸式体验中感受传统文化的魅力，从而增强对网络道德规范的认同感和践行力。

（二）中华优秀传统文化推动教育方式创新

中华优秀传统文化强调"因材施教""寓教于乐"，这些教育理念对于创新网络道德教育方式具有重要启示。一方面，可以借鉴古代书院的教学模式，建立线上线下相结合的"网络道德书院"，邀请专家学者、行业精英及网络意见领袖，通过直播讲座、在线研讨、案例分析等形式，开展多元化、个性化的网络道德教育。另一方面，利用大数据分析技术，精准把握青少年的网络行为特点和道德教育需求，实现教育内容的个性化推送和精准施教。此外，还可以借鉴传统文化中的游戏化学习理念，设计寓教于乐的网络道德教育游戏或应用，让学生在轻松愉快的氛围中学习网络道德规范，提高学习兴趣和参与度。

（三）中华优秀传统文化助力教育效果的增强

中华优秀传统文化中的"自省""慎独"等自我修养方法，对于提升网络道德教育的效果具有重要意义。通过引导大学生学习传统文化中的道德修养理论，培养其自我反思、自我约束的能力，使其在网络空间中做到言行一致、表里如一。借助家校社协同育人的机制，将网络道德教育延伸至家庭和社会，形成全方位、多层次的教育网络。家长是孩子的第一任老师，也应积极参与网络道德教育，以身作则，营造良好的家庭网络环境；社会各界也应承担起相应的责任，共同营造清朗网络空间，为青少年健康成长提供有力保障。

三、传统文化在网络道德教育中的价值

在探讨传统文化在网络道德教育中的价值时，绕不过的是对中华传统文化影响深远的儒家思想、道家哲学以及佛教伦理等传统文化当中的道德观念，这些观念如诚信、仁爱、自律等，为网络道德教育提供了坚实的道德根基。

（一）儒家思想的道德根基

儒家思想作为中国传统文化的主流，其道德观念深刻影响了中华民族的精神世界，在中华民族文化基因和禀赋特质上深深打下了儒学的烙印。儒家强调"仁、义、礼、智、信"五常，这些道德原则在网络道德教育中同样具有重要意义。

1. 诚信：儒家思想中的"信"即诚信，是指做人诚实不欺骗别人。在网络空间中，诚信同样是维系网络秩序、促进网络健康发展的基石。网络用户应当遵守诚信原则，不发布虚假信息，不传播谣言，不进行网络欺诈，以诚信为本，构建清朗的网络环境。

2. 仁爱：儒家提倡"仁者爱人"，即关爱他人、尊重他人。在网络道德教育中，仁爱精神体现为对他人的尊重与理解，不随意攻击、谩骂他人，不侵犯他人隐私，积极传播正能量，营造和谐的网络氛围。

3. 自律：儒家注重个人修养，强调"修身齐家治国平天下"。在网络道德教育中，自律是每位网民应具备的基本素质。网民应自觉遵守网络法律法规，不发布违法信息，不参与网络赌博、色情等违法活动，通过每个人的自律，为维护网络空间的秩序和谐作出贡献。

（二）道家哲学的道德根基

道家哲学以"道"为核心，强调自然无为、顺应自然。其道德观念虽不如儒家般直接具体，但同样蕴含了深刻的道德智慧，为网络道德教育提供了独特的价值和思维。

（1）无为而治：道家主张"无为而治"，即顺应自然规律，不强行干预。在网络道德教育中，这可以理解为尊重网络空间的自然发展规律，不过度干预网民的言论自由，而是通过引导和教育，让网民自觉形成正确的道德观念和行为习惯。

（2）和谐共生：道家追求人与自然的和谐共生，这一理念在网络道德教育中体现为倡导网络生态的和谐。网民应尊重网络空间的多样性，包容不同观点和文化，避免网络暴力，共同维护网络生态的平衡与和谐。

（三）行为规范

行为规范的重要价值体现在多个方面，它不仅是社会正常运转的基石，也是个人成长与发展的关键。以下将从行为规范的重要性，古代礼仪与典籍的启示以及引导大学生自我约束、文明上网三个方面进行阐述。

1. 行为规范的重要价值

第一，维护社会秩序。行为规范帮助人们在社会生活中遵循一定的准则和规则，减少冲突和纠纷，从而维护社会的和谐稳定。例如，交通规则、工作纪律等都是维护社会秩序的重要规范。第二，提升生活质量。遵循行为规范能够提升个人在社会和家庭中的尊重和认可，建立良好的人际关系，获得更多的资源和机会。具有规范行为素养的社会人能够为营造和谐社会氛围作出贡献，让生活更加舒适和美好。第三，促进个人成长与发展。规范行为能够培养自省自律能力，帮助个人树立正确的社会价值观和道德观。这些品质有助于大学生在学业、职业和社会生活中取得成功。

2. 古代礼仪与典籍中的行为准则启示

虽然古代礼仪和典籍并未直接涉及网络行为，但其中蕴含的价值观和道德准则对于现代网络行为具有重要的启示意义。第一，诚信为本。古代典籍中强调诚信的重要性，如儒家思想中的"信"即诚信。在网络行为中，诚信同样重要。大学生应遵守网络诚信原则，不发布虚假信息，不造谣不传谣，助力保持网络环境的真实可信。第二，尊重他人。古代礼仪中尊重他人的原则在网络环境中尤为重要。大学生在网络交流中应尊重他人的意见和隐私，不进行网络欺凌和攻击，保持文明礼貌的态度。第三，自律与自我约束：古代儒家思想强调自律的重要性。在网络行为中，大学生应树立自律意识，合理安排上网时间，避免沉迷网络。还要自觉抵制不良信息的诱惑，保持清醒的头脑和健康的网络心态。

3. 引导大学生自我约束，文明上网

首先，加强网络道德教育。学校和家庭应加强对大学生的网络道德教育，

引导他们树立正确的网络观念和价值观。通过开设网络道德课程、举办网络道德讲座等方式，提高大学生网络道德素养。其次，完善网络行为规范。制订和完善网络行为规范是引导大学生文明上网的重要措施。学校可以制订校园网络行为规范，明确网络行为的底线和红线；政府和社会从职能分工方面加强对网络行为的监管约束，形成共同维护网络文明的良好氛围。第三，发挥榜样作用。身边的榜样对于大学生具有重要的影响。学校可以通过评选网络文明标兵、优秀网络志愿者等来树立典型示范；教师、家长等也应以身作则，带头遵守网络行为规范，为大学生做好示范。第四，提升辨别能力。大学生应提高辨别能力，学会筛选有价值信息，避免被虚假信息和谣言误导。他们可以通过学习网络知识、关注权威媒体等方式提高辨别能力。最后，增强网络安全意识。大学生应增强网络安全意识，保护个人隐私和信息安全。主动学习和认真了解网络安全知识，学会防范网络诈骗、网络攻击等；此外，在使用网络时要保持警惕，不随意点击不明链接、下载不明软件等，避免上当受骗。

（四）文化认同

强调传统文化在网络道德教育中的文化认同作用，不仅有助于增强大学生的民族自豪感和文化自信心，还能有效促进网络文化的健康发展，构建一个既开放包容又富含文化底蕴的网络生态环境。传统文化，作为中华民族悠久历史的积淀与智慧的结晶，蕴含着丰富的道德观念、价值追求和人生哲理，是维系民族情感、增强民族凝聚力的精神纽带。

在网络道德教育中融入中华优秀传统文化元素，能够引导大学生在网络世界中寻找文化之根，深刻理解并认同自身文化的独特价值与魅力。通过学习传统经典、参与文化体验活动、探讨传统与现代的融合之道，大学生能够逐渐构建起对传统文化的深厚情感与认同感，从而在纷繁复杂的网络环境中保持清醒的文化自觉。这种文化认同感的增强，可以直接促进大学生民族自豪感提升。当他们在网络平台上看到、听到、感受到的是对传统文化的尊重与弘扬，是对中华民族伟大精神的颂扬与传播，自然而然地会激发出强烈的民族自豪感和民族自信心。这不仅体现在对国家成就的自豪感上，更体现在对民族文化独特性的自信与坚守上。它激励大学生在网络空间中积极传播正能量，勇于发声，敢于担当，为维护国家形象、弘扬民族文化贡献青年力量。同时，传统文化在网络道德教育中潜移默化地传播，为网络文化的健康发展提供了强大的精神支撑和价值导向。网络文化作为新兴的文化形态，具有传播速度快、影响范围广、表现形式多样等特点，但也面临着内容良莠不齐、价值观多元碰撞等挑战。将传统文化中的道德精髓融入网络道德教育，可以引导网络文化向着更加积极、健康、向上的方向发展。它倡导诚信友善、尊重包容、和谐共生的网络交往原则，抵制网络暴力、谣言传播、低俗内容等不良现象，为构建清朗网络空间提供了有力的道德支撑。大学生置身于健康网络环境中，这本身就是对其网络道德教育的最好呈现方式。此外，传统文化与网络道德的深度融合，还促进了文化的创新与发展。大学生作为网络文化的重要参与者和创造者，他们在接受传统文化熏陶的同时，也会将传统文化元素与现代网络技术相结合，创造出具有鲜明时代特色和文化底蕴的网络文化产品。这些产品不仅丰富了网络文化的内涵与表现形式，也促进了传统文化的传承与弘扬，实现了传统文化与现代文明的和谐共生。

总之，强调传统文化在网络道德教育中的文化认同作用，是增强大学生民族自豪感和文化自信心、促进网络文化健康发展的有效途径。在网络道德教育中深入挖掘传统文化的价值内涵，创新教育方式方法，让大学生在感受传统文化魅力的同时，自觉成为网络文化的建设者和守护者。

第二节　协同育人机制下大学生网络道德教育的具体实施办法

协同育人机制作为高等教育的重要模式，强调学校、家庭、社会等多方力量的共同参与与协作。在此背景下，加强大学生网络道德教育，不仅关乎个体品德修养，更关乎网络生态的文明构建。将传统文化精髓融入网络道德教育的具体举措中，目的是引导大学生树立正确的网络道德观念、提升网络素养、共同营造清朗健康的网络空间。本部分具体介绍协同育人机制的应用途径和工作方法。

一、融合课程

在协同育人机制下，将传统文化融入大学生网络道德教育，不仅是对中华优秀传统文化的传承与弘扬，也是培养具备高尚道德情操和社会责任感的现代大学生的重要途径。

1. 传统文化融入课程设计的必要性

中华优秀传统文化是中华民族的文化根基和民族基因的重要体现，蕴含着丰富的智慧和价值观念，如尊师重道、礼仪文明、和谐共生等，这些观念对于提升大学生道德素养具有不可替代的作用。在网络高度发达的今天，将传统文化融入网络道德教育，有助于大学生在多元信息中保持清醒头脑，树立正确的网络道德观念。

2. 课程设计中的传统文化元素

（1）专门课程：设立"中华优秀传统文化与网络道德"等选修或必修课程，通过系统讲授中华优秀传统文化的核心理念、道德规范和人文精神，引导大学生将传统文化精髓应用于网络行为中。

（2）跨学科融合：在"思想道德与法治""计算机伦理与网络安全"等课程中融入传统文化内容，如通过分析古代案例讲解网络诚信、尊重隐私等道德准则。

（3）教学手段多样化：邀请传统文化专家、网络道德学者进行专题讲座，举办研讨会，促进师生间交流互动，深化对传统文化和网络道德的理解，促进网络道德观内化于心，外化于行。

（4）实地考察与文化体验：组织学生参观历史遗迹、博物馆等，通过亲身体验感受传统文化的魅力，增强大学生的文化自信，培养正确道德观。

3. 传统文化在网络道德教育中的具体应用

（1）尊师重道与网络礼仪：强调在网络环境中也要尊重师长、尊重他人，不发表攻击性言论，不传播谣言和不良信息，展现网络礼仪，维护网络空间和谐。

（2）和谐共生与网络责任：借鉴传统文化中人与自然的和谐共生观念，教育学生在网络空间中同样要尊重他人权益，不侵犯他人隐私，不参与网络暴力，共同维护网络环境的清朗。

（3）诚信为本与网络诚信：强调诚信是立人之本，无论是在现实生活中还是网络空间中，都要坚持诚信原则，不制造虚假信息，不参与网络欺诈，树立正确的网络诚信观。

（4）礼仪之道与网络文明：传统文化中的礼仪之道教导人们要尊重他人、注重礼貌。在网络环境中同样要遵守网络礼仪，倡导并践行文明上网，不发表污言秽语，不进行网络谩骂，共同营造文明健康的网络氛围。

4. 协同育人机制下的保障措施

（1）教育管理机制：高校应建立完善的中华优秀传统文化教育管理机制，明确责任主体，贯彻落实党中央关于传统文化的教育方针政策，确保传统文化教育在网络道德教育中的落地实施。

（2）教师培训与提升：加强对教师的培训，提高他们对中华优秀传统文化的认知和理解能力，使他们能够在课堂教学中更好地融入传统文化元素，提高教学成效。

（3）网络平台与资源建设：充分利用网络平台和新媒体技术，开发多元化的传统文化教育资源，如网络课程、在线讲座、互动平台等，为学生提供便捷的学习渠道和丰富的学习资源。

（4）家校合作与社会参与：加强家校合作，共同关注大学生网络道德教育问题，引导家长参与学生的网络行为管理。同时，积极争取社会各界的支持和参与，形成全社会共同关注、共同参与的良好氛围。

二、教材编写

在协同育人机制下，大学生网络道德教育的教材编写是一项系统性、创新性与实践性并重的任务，它旨在通过整合多方资源，构建一个既符合时代要求又贴近学生实际的教育体系。

1. 明确教育目标与原则

首先，教材编写需明确网络道德教育的核心目标，即培养学生的网络责任感、自律意识、信息安全意识及批判性思维能力，使之成为具备良好网络素养的新时代公民。在此基础上，确立教材编写的基本原则，包括时代性、针对性、实践性、系统性和协同性。时代性要求教材内容紧跟网络技术发展步伐；针对性强调针对不同专业、年级学生的特点因材施教；实践性鼓励通过案例分析、模拟演练等方式增强学生实践能力；系统性则要求教材结构合理、内容连贯；协同性则体现在教材内容应体现学校、家庭、社会及网络平台的多元共育理念。

2. 融入地方文化特色

组织专家学者编写具有地方文化特色的网络道德教育教材，是增强教学地域性和亲和力的重要途径。这不仅能让学生在熟悉的文化背景下更好地理解网络道德规范，还能促进地方优秀传统文化的传承与创新。教材中可以融入当地历史名人的网络道德故事、地方特色网络文化活动案例等。

3. 构建多维度教育内容

（1）网络法律法规教育：详细介绍国家关于互联网安全、隐私保护、网络谣言治理等方面的法律法规，增强学生的法律意识和规则意识。

（2）网络伦理与道德观念：探讨网络空间道德标准、行为规范，引导学生树立正确网络道德观，如尊重他人隐私、拒绝网络暴力、倡导文明交流等。

（3）信息素养与信息辨别能力：培养学生筛选、鉴别网络信息的能力，教会他们如何有效管理个人信息，防范网络诈骗、谣言等风险。

（4）网络安全与防护技能：介绍基本的网络安全知识，如密码安全、账号保护等，提升学生自我保护能力。

（5）网络素养与社会责任：强调作为网络社会的一员，应承担的社会责任，如积极参与网络公益、维护网络生态等。

4. 强化协同育人机制

（1）校内外资源整合：邀请行业专家、学者、网络安全从业人员等参与教材编写，确保内容的权威性和前沿性；同时，加强与地方政府、企业、社区的合作，为学生提供实践基地和实习机会。

（2）线上线下融合教学：利用网络平台和多媒体技术，开发在线课程资源，实现线上线下混合式教学，提高教学效率和学习体验。

（3）家校社联动：建立家校社联动机制，通过家长会、社区讲座等形式，共同参与学生的网络道德教育，形成教育合力。

三、实践活动多样化

在协同育人机制的引领下，探索大学生网络道德教育的实践活动多样化显得尤为重要。网络道德风尚直接影响着社会的和谐与文明。应努力打破传统教育框架，通过校企合作、家校共育、社团联动等多维度协同，设计并实施一系列寓教于乐、贴近生活的网络道德教育实践活动以增强大学生的网络责任感、辨别力及自律性，让其在丰富多彩的实践中内化网络道德规范，共同营造清朗健康的网络生态。

大学生网络道德教育的内涵与形式得以不断拓展与创新，其中，将传统文化体验融入网络道德教育，成为了一种新颖而富有成效的教育路径。通过定期举办"传统文化与网络道德"等主题日活动，不仅能够激发大学生对传统文化的兴趣与尊重，还能在潜移默化中培养他们的网络道德意识，实现传统与现代、线上与线下的有机融合。

1. 传统文化传承人进校园

邀请非物质文化遗产传承人、书法家、茶艺师、传统乐器演奏家等走进校园，依托现场展示与互动体验等方式，让大学生近距离感受传统文化的魅力。书法一笔一划间透露出的不仅是技艺的精湛，更是对"诚信为本、以礼待人"等传统美德的传承;茶艺表演则让人在品茗间体会"和静怡真"的心境,学会在网络空间中保持平和与理性;传统乐器演奏,如古筝、琵琶的悠扬旋律,引导大学生在网络交流中追求和谐之音,拒绝噪音与纷争。

2. "网络空间中的传统文化"主题论坛

组织"网络空间中的传统文化"主题论坛,邀请专家学者、文化传承人及学生代表共同参与。论坛围绕"如何在网络空间中传承与弘扬传统文化""传统文化如何为网络道德建设提供借鉴"等议题展开讨论,鼓励大学生从传统文化中汲取智慧,思考如何在网络世界中践行诚信、尊重、责任等道德原则。

3. 传统文化元素与网络创作结合

鼓励学生运用现代科技手段,如短视频、动漫、H5 页面等,创作融入传统文化元素的网络作品。这些作品可以是对传统文化故事的现代诠释,也可以是对网络道德规范的创意表达。学生不仅可以加深对传统文化的理解,还可懂得如何在网络平台上以积极、健康的方式传播正能量,展现青年学子的责任与担当。

4. 网络道德实践挑战赛

举办网络道德实践挑战赛,设置一系列与日常生活紧密相关的网络道德情境题,如处理网络谣言、维护个人隐私、参与网络公益等。通过模拟实践,让学生在挑战中锻炼自己的网络道德判断力和应对能力,形成"知行合一"的良好风尚。

5. 网络道德辩论赛

以"网络言论自由与责任"等为核心议题,探讨"个人隐私权与网络分享的边界",引导学生理解在享受网络便利的同时,尊重并保护他人的隐私。针对"传统文化如何引导网络行为",可以组织辩论赛,探讨如何将中华优秀传统文化的价值观,如诚信、礼让、尊重等,融入网络空间,使之成为网络行为的内在准则。此外,还应加入"网络谣言与信息传播的责任"等议题,教育学生辨识信息真伪,避免成为不实信息的传播者,共同维护网络空间的清朗。通过这些议题的深入辩论,不仅能提升学生的网络道德意识,还能促进其批判性思维和社会责任感的发展，实现知识与品德的同步提升。

第三节　协同育人机制下网络道德教育平台功能的发挥

数字化时代，网络教育平台已成为连接家庭、学校与社会的重要桥梁，其功能的充分发挥对于构建家校社协同育人机制具有不可估量的价值。它不仅打破了传统教育的时空限制，还以其丰富的教学资源、灵活的学习方式，为广大学生提供了更加个性化、多元化的学习体验。家校社协同育人机制强调家庭、学校与社会三者之间的紧密合作与相互支持，共同促进学生的全面发展。

一、建立信息共享机制

协同育人机制，作为整合家庭、学校、社会三方力量共同促进学生全面发展的有效模式，其在网络道德教育中的作用日益凸显。网络道德教育平台作为这一机制的重要载体，其功能的充分发挥离不开信息共享机制的建立。本部分将从协同育人机制的视角出发，深入探讨如何建立网络道德教育平台的信息共享机制，以促进网络道德教育的有效实施。

（一）协同育人机制与网络道德教育平台的融合

1.网络道德教育平台的重要性

网络道德教育平台是指利用现代信息技术手段，为学生提供网络道德知识、案例分析、在线交流、心理咨询等服务的综合性平台。它不仅能够帮助学生树立正确的网络道德观念，还能提升大学生的信息素养和自我保护能力。

2.融合的必要性与可行性

将协同育人机制与网络道德教育平台相融合，是应对网络时代挑战、提升网络道德教育实效性的必然选择。一方面，协同育人机制为网络道德教育平台提供了丰富的教育资源和多元的教育主体；另一方面，网络道德教育平台则为协同育人机制提供了便捷的信息交流渠道和高效的教育手段。两者的融合不仅有助于形成教育合力，还能促进教育资源的优化配置和共享。

（二）信息共享机制在网络道德教育平台中的作用

1. 信息共享机制的定义与特点

信息共享机制是指在网络道德教育平台中，通过制订相关规则、建立信息系统、优化信息流程等手段，实现教育信息在不同主体之间的有效传递和共享。它具有开放性、实时性、互动性和协同性等特点。

2. 信息共享机制对网络道德教育平台的意义

（1）提升教育资源的利用效率：通过信息共享机制，家庭、学校、社会等多元教育主体可以共享优质的教育资源，避免资源的重复建设和浪费。

（2）增强教育的针对性和实效性：信息共享机制使得教育者能够及时了解学生的网络道德状况和需求，从而制订更加精准的教育方案，提高教育的针对性和实效性。

（3）促进家校社之间的沟通与协作：信息共享机制为家校社之间的沟通与协作提供了便捷渠道，有助于形成教育合力，共同促进学生的全面发展。

（三）建立信息共享机制的策略与路径

1. 明确信息共享的目标与原则

在建立信息共享机制之前，首先需要明确信息共享的目标和原则。目标应聚焦于提升学生的网络道德素养、促进家校社之间的沟通与协作等方面；原则则应包括开放性、公平性、安全性和有效性等。

2. 构建信息共享的组织架构

为了保障信息共享机制的有效运行，需要构建相应的组织架构。这包括成立由家庭、学校、社会代表组成的信息共享委员会，负责制订信息共享的规则、监督信息共享的实施情况等。同时，还需要设立专门的信息管理部门或岗位，负责信息的收集、整理、分析和发布等工作。

3.制订信息共享的规范与标准

为了确保信息共享的准确性和有效性，需要制订相应的规范和标准。这包括信息分类标准、信息编码规则、信息交换协议等。通过制订这些规范和标准，确保不同主体之间的信息能够顺畅传递和共享。

4.搭建信息共享的技术平台

技术平台是信息共享机制的重要支撑。需要搭建一个集信息收集、存储、处理、分析和发布于一体的综合性技术平台。此平台应具备高度的可扩展性、安全性和易用性等特点，以满足不同主体的需求。

5.优化信息共享的流程与机制

为了确保信息共享的顺畅进行，需要优化信息共享的流程与机制。这包括明确信息共享的流程、建立信息审核制度、加强信息安全管理等。同时，还需要建立信息反馈机制，及时了解信息共享的效果和存在的问题，以便进行持续改进和优化。

（四）信息共享机制在网络道德教育平台中的具体应用

1.教育资源的共享

通过信息共享机制，家庭、学校、社会等多元教育主体可以共享优质的教育资源。如：学校可以将优秀的网络道德教育课程、案例等资源上传至平台供家长和学生学习；家长亦可以将自己在家庭教育中积累的经验和心得分享给他人。这种资源共享有助于提升教育质量，实现教育资源的优化配置和共享。

2.学生网络道德状况的监测与反馈

通过信息共享机制，教育者可以及时了解学生的网络道德状况和需求。如：学校可以定期收集大学生的网络行为数据、心理测评结果等信息，并进行分析和评估；家长也可以将学生在家庭中的网络行为表现反馈给学校。通过微信群、App等平台，建立家校社三方信息共享机制，定期发布学生在网络道德方面的表现及教育建议，以便形成教育合力。

二、家长培训

在数字化时代，网络道德教育已成为家庭、学校乃至社会共同关注的重要议题。网络道德教育平台，作为协同育人机制下的重要工具，不仅为大学生提供了学习网络道德知识的渠道，也为家长提供了必要的培训和支持。本部分将深入探讨家长培训在其中的重要作用、内容设计、实施策略及效果评估等方面。

（一）家长培训在网络道德教育中的重要性

1. 家庭是网络道德教育的第一课堂

家庭是孩子成长的摇篮，也是网络道德教育的起点。家长作为孩子的首任老师，其言行举止、价值观念对学生具有深远的影响。因此，提升家长的网络道德意识和教育能力，对于培养学生正确的网络行为习惯至关重要。

2. 协同育人的关键环节

协同育人机制要求家庭、学校、社会三方面紧密配合，共同承担教育责任。家长培训作为连接家庭与学校的桥梁，能够增进家校之间的沟通与理解，促进教育资源的共享与互补，从而形成教育合力。

3. 应对网络时代挑战的必要措施

随着互联网技术的飞速发展，网络空间日益成为青少年学习、生活、娱乐的重要场所。然而，网络空间的复杂性和不确定性也给青少年带来了诸多挑战，如网络成瘾、网络欺凌、网络诈骗等。家长作为学生的监护人，必须具备足够的知识和能力来引导学生正确应对这些挑战。

（二）家长培训的内容设计

1. 网络道德基础知识

家长需要了解网络道德的基本概念、原则和规范。这包括网络礼仪、网络隐私保护、网络版权意识等方面的内容。通过家长网络学校等途径系统学习这些基础知识，有助于家长建立起对网络道德的正确认知，为后续的教育实践奠定基础。

2.青少年网络行为特点与心理分析

了解青少年的网络行为特点和心理变化是进行有效网络道德教育的关键。家长也需要学习如何识别孩子的网络成瘾迹象、理解学生在网络空间中的心理需求以及应对学生可能遇到的网络挑战。这将有助于家长更加精准地把握教育时机和方法，提高教育的针对性和实效性。

3.家庭教育策略与技巧

家长在进行网络道德教育时，需要掌握一定的教育策略和技巧也是必要的。包括如何与学生建立良好的沟通机制、如何制订合理的网络使用规则、如何引导学生参与有益的网络活动等。通过学习这些策略和技巧，家长能够更加自信地面对网络道德教育中的各种问题，实现家庭教育进而助力网络教育的有效实施。

4.案例分析与实践操作

案例分析是加深理解和巩固知识的重要手段。网络道德教育平台可以提供丰富的案例资源，涵盖网络成瘾、网络欺凌、网络诈骗等多种类型。家长可以通过这些案例的学习了解不同情境下的应对策略和处理方法。同时，平台还可以设置实践操作环节，让家长在模拟情境中体验和应用所学知识，提升实际操作能力。

（三）家长培训的实施策略

1.线上线下相结合

家长培训可以线上线下、定期不定期、自由灵活地进行学习。线上培训可以充分利用网络平台的便捷性和互动性优势，为家长提供灵活多样的学习方式和丰富的教育资源。线下培训则可以通过组织专题讲座、研讨会等形式，加强家长之间的交流与合作，形成教育合力。

2.个性化定制与分层指导

不同家庭的孩子在年龄、性格、兴趣等方面存在差异，因此家长培训应注重个性化定制和分层指导。平台可以根据家长的实际情况和需求，提供个性化的学习计划和资源推荐；同时，针对不同层次的家长提供不同难度的培训内容和指导策略，确保培训效果的最大化。

3. 建立反馈与激励机制

建立有效的反馈与激励机制是保障家长培训效果的重要手段。平台可以设立家长学习档案和积分系统，记录家长的学习进度和成果；同时，设立奖励机制如颁发证书、赠送学习资料等以激励家长积极参与培训和学习。此外，平台还可以设立家长交流区和反馈渠道以便及时收集家长的意见和建议并进行改进和优化。

4. 家校合作与资源共享

家校合作是保障家长培训效果的重要保障。学校应加强与家长的沟通和联系建立家校共育机制；同时充分利用学校的资源和优势为家长提供必要的支持和帮助。例如学校可以邀请专家学者为家长举办专题讲座或研讨会；或者组织家长参观学校的网络道德教育实践基地等。此外学校还可以通过网络道德教育平台实现家校之间的资源共享和信息互通，为家长提供更加全面和便捷的服务。

（四）家长培训的效果评估与持续改进

1. 效果评估体系构建

为了准确评估家长培训的效果并发现存在的问题和不足需要构建科学合理的评估体系。评估体系应包括多个维度如家长的知识掌握程度、教育实践能力提升情况、学生网络道德行为变化等；同时采用多种评估方法如问卷调查、访谈观察等以确保评估结果的客观性和准确性。

2. 数据分析与问题诊断

通过收集和分析评估数据可以发现家长培训中的亮点与不足，进而进行问题诊断。数据分析可以揭示哪些培训内容受到家长的欢迎和认可，哪些部分需要进一步优化或调整。同时，还可以识别出家长在实践中遇到的主要困难和挑战，为后续的改进工作提供有力支持。

3.持续改进与迭代升级

基于效果评估和问题诊断的结果，网络道德教育平台应不断进行持续改进和迭代升级。这包括优化培训内容，使其更加贴近家长的实际需求；改进培训方式，提高家长参与度和学习效果；加强家校合作，促进教育资源的共享与互补。同时，平台还应关注行业动态和技术发展，及时引入新的教育理念和技术手段，为家长提供更加先进和高效的培训服务。

4.成效展示与经验分享

为了激励家长持续参与培训并分享成功经验，网络道德教育平台可以设立成效展示区和经验分享区。成效展示区用于展示家长在培训后取得的显著成效，如孩子的网络道德行为改善、家庭氛围的和谐等。经验分享区则鼓励家长分享自己的教育心得和成功案例，为其他家长提供借鉴和参考。这种正向激励和经验交流将有助于形成良性循环，推动家长培训工作的深入开展。

（五）家长培训在协同育人机制中的作用与影响

1.增强家校共育的实效性

家长培训作为协同育人机制中的重要环节，能够显著增强家校共育的实效性。通过培训，家长能够深入了解学校的教育理念和要求，与学校保持高度一致的教育目标和方向。同时，家长还能够掌握科学的教育方法和技巧，更好地配合学校的教育工作，有助于增强家校共育合力。

2.促进家庭教育的科学化

家长培训有助于推动家庭教育的科学化发展。通过系统学习网络道德教育的相关知识和理论，家长能够建立起科学的教育观念和方法论体系。他们能够更加理性地看待学生的网络行为问题，采取科学合理的教育措施进行干预和引导。这种科学化的家庭教育方式将有助于培养学生的良好品德和健全人格。

3.提升青少年的网络道德素养

家长作为孩子的监护人和教育者，在孩子的成长过程中发挥着至关重要的作用。通过家长培训，家长能够不断提升自己的网络道德意识和教育能力，为孩子树立正确的榜样和示范。同时，他们还能够积极引导和规范学生的网络行为，帮助学生建立起正确的网络道德观念和行为习惯。这将有助于培养出一批具有高尚品德和良好网络素养的青少年人才。

三、网络平台与资源利用

本部分将在协同育人机制的框架下，深入探讨网络道德教育平台的功能发挥，特别是网络平台与资源利用方面的内容，以期为提升青少年网络道德素养、促进家校共育提供有益参考。

（一）网络平台在协同育人机制下的功能发挥

1. 多元化信息资源的整合

网络道德教育平台通过整合来自学校、家庭、社会等多方面的教育资源，形成多元化的信息资源库。这些资源包括但不限于网络道德课程、教育视频、案例分析、专家讲座、在线测试等。学生可以根据自己的学习需求和兴趣爱好，在平台上自主选择学习内容和方式，实现个性化学习。

2. 信息传播的即时性与广泛性

网络平台具有信息传播速度快、范围广的特点。网络道德教育平台可以迅速将最新的网络道德教育理念、政策法规、热点事件等信息传递给广大师生和家长。这种即时性的信息传播有助于增强教育的时效性和针对性，使教育内容更加贴近学生的生活实际和社会需求。

3. 多样化的网络道德教育活动

网络道德教育平台通过开设网络征文、知识竞赛、专家答疑互动、热门话题论坛等多种形式的网络道德教育活动，激发学生的学习兴趣和参与热情。这些活动不仅能够帮助学生巩固所学知识，还能够培养学生的实践能力和创新思维。

4. 互动性的教育体验

网络平台打破了传统教育中的时间和空间限制，实现了师生之间的即时互动和交流。在网络道德教育平台上，学生可以随时随地与老师、同学进行在线讨论和分享心得。这种互动性的教育体验有助于增进师生之间的了解和信任，提高教育的针对性和实效性。

（二）家校共育的桥梁作用

1. 提供家校沟通渠道

网络道德教育平台为家校沟通提供了便捷的渠道。家长可以通过平台了解学校的教育动态和孩子的学习情况，与老师进行及时沟通和交流。同时，学校也可以通过平台向家长传递教育理念和方法，引导家长积极参与孩子的网络道德教育工作。

2. 形成协同育人合力

家校共育是协同育人机制的重要组成部分。网络道德教育平台通过促进家校之间的沟通和合作，实现了教育资源的共享和互补。学校、家庭和社会三方面共同努力，形成教育合力，为学生的全面发展提供了有力保障。

（三）网络资源的有效利用与优化配置

1. 建立资源筛选机制

为了确保网络道德教育平台上的资源质量，需要建立科学的资源筛选机制。该机制应包括专家评审、用户反馈、定期更新等环节，确保平台上的资源具有权威性、时效性和针对性。

2. 引入优质教育资源

除了自主开发教育资源外，网络道德教育平台还应积极引入外部优质教育资源。这包括与知名教育机构、专家学者等建立合作关系，共同开发网络道德教育课程和资源库；与互联网企业合作，利用大数据、人工智能等技术手段优化教育资源的质量和呈现方式。

3. 个性化推荐系统

为了满足学生的个性化学习需求，网络道德教育平台应建立个性化推荐系统。该系统可以根据大学生的学习历史、兴趣偏好、能力水平等信息，为其推荐适合的学习资源和活动。这种个性化的推荐方式有助于激发大学生的学习兴趣和动力，提高学习效果。

4. 定制化服务

除了个性化推荐外，网络道德教育平台还应提供定制化服务。这包括为特殊群体大学生提供一对一的辅导服务、制定个性化的学习计划、提供定制化的学习资源和工具等。这种定制化服务有助于满足不同学生的特殊需求，促进其全面发展。

（四）资源的动态更新与持续优化

1. 动态更新机制

网络道德教育平台应建立动态更新机制，确保平台上的资源能够与时俱进、紧跟时代步伐。这包括网络道德教育平台应建立动态更新机制，以确保平台上的内容始终与当前社会网络道德发展的最新趋势、政策法规以及热点事件保持同步。这要求平台管理团队密切关注网络道德教育的最新研究成果、政策导向以及社会热点，及时对平台上的课程、案例、资料等进行更新和补充。同时，还应鼓励用户（包括学生、家长和教师）提供反馈和建议，以便平台能够更准确地把握用户需求，优化资源内容。

2. 持续优化用户体验

除了内容的动态更新外，网络道德教育平台还应持续优化用户体验。这包括改善平台的界面设计，使其更加简洁、直观、易用；优化平台的访问速度，减少用户等待时间；增加用户互动功能，如评论、点赞、分享等，提高用户的参与度和满意度。此外，平台还可以根据用户的学习行为和反馈数据，运用人工智能技术为用户提供更加个性化的学习路径和资源推荐，进一步提升用户体验和学习效果。

四、网络平台与资源利用面临的挑战与对策

（一）信息资源的繁杂与碎片化

网络信息的海量性和碎片化特点给网络道德教育平台的信息筛选和整合

带来了巨大挑战。如何在众多信息中筛选出有价值、有教育意义的资源，并有效地整合到平台上，是平台运营者需要面对的重要问题。

（二）用户需求的多样性与个性化

不同用户（包括不同知识水平群体以及不同年龄段、不同学习背景、不同兴趣爱好的学生）对网络道德教育的需求存在显著差异。如何满足不同用户的个性化需求，提供有针对性的教育资源和服务，是平台需要解决的关键问题。

（三）网络安全与隐私保护

网络平台在提供便捷服务的同时，也面临着网络安全和隐私保护的挑战。如何确保用户信息的安全传输和存储，防止数据泄露和滥用，是平台必须重视的问题。

（四）应对策略

1. 建立专业的信息筛选与整合团队

平台应组建由教育专家、技术人员等组成的专业团队，负责信息的筛选、整合和审核工作。通过严格的筛选标准和流程，确保平台上的资源具有权威性、时效性和针对性。

2. 引入个性化学习技术

平台可以引入人工智能技术，通过数据分析和学习模型构建，为用户提供个性化的学习路径和资源推荐。同时，还可以根据用户的反馈和学习数据不断优化推荐算法，提高推荐的准确性和有效性。

3. 加强网络安全与隐私保护

平台应建立完善的网络安全和隐私保护机制，包括数据加密、访问控制、隐私政策制定等措施。同时，还应加强用户教育，提高用户的网络安全意识和隐私保护能力。

在协同育人机制下，网络道德教育平台的功能发挥对于提升青少年网络道德素养、促进家校共育具有重要意义。通过有效利用和优化配置网络平台与资源，平台能够为学生提供丰富多样的学习资源、个性化的学习体验和便捷的家校沟通渠道。然而，面对信息资源的繁杂与碎片化、用户需求的多样性与个性化以及网络安全与隐私保护等挑战，平台需要不断创新和完善自身机制和服务模式。

第四节　协同育人机制下网络道德教育成效分析及面临挑战与对策

本节将从学生层面的认知提升、行为改善、文化自信，校园文化层面的网络文化环境净化、道德风尚引领，以及社会影响层面的示范效应、舆论引导等方面深入阐述协同育人机制下网络道德教育的成效，同时针对网络道德教育面临的挑战提出相应的对策建议，以期为提升大学生网络道德素养、构建清朗网络空间提供参考。

一、协同育人机制下网络道德教育成效

（一）学生层面

1. 认知提升

网络道德教育首先作用于学生的道德认知层面。在协同育人机制下，学校、家庭和社会三方共同努力，通过多样化的教育方式和丰富的教育资源，帮助大学生建立正确的网络道德观念。

（1）学校教育的主导作用

高校作为网络道德教育的主阵地，通过开设专门的网络道德课程、举办讲座和研讨会、开展主题教育活动等方式，系统地向大学生传授网络道德知识。这些课程和活动不仅涵盖了网络伦理、网络法律法规等基础知识，还注重引导大学生思考网络空间中的道德问题，培养其独立思考和批判性思维能力。例如，通过案例分析、角色扮演等互动式教学方法，让大学生在模拟情

境中体验网络道德冲突，从而加深对网络道德规范的理解。

（2）家庭教育的补充作用

在协同育人机制下，家长积极参与孩子的网络道德教育，通过言传身教、家庭讨论等方式，引导孩子树立正确的网络道德观念。如：家长可以与孩子一起探讨网络上的热点事件，引导孩子分析其中的道德问题，并鼓励学生发表自己的看法。

（3）社会教育的实践作用

社会是网络道德教育的重要补充力量。在协同育人机制下，社会各界积极参与网络道德教育活动，为学生提供丰富的实践机会。如：企业举办网络道德竞赛、开设网络素养培训课程等，激发大学生的参与热情；媒体加强网络道德宣传报道，引导社会舆论关注网络道德问题；政府部门加强网络监管力度，净化网络空间环境。这些实践活动不仅让大学生有机会将所学知识应用于实际生活中，还增强了其社会责任感和道德使命感。

2. 行为改善

网络道德教育的最终目的是引导学生形成良好的网络道德行为。在协同育人机制下，通过各方努力协作，大学生网络道德行为得到了显著改善。

（1）自律意识的增强

在正确的网络道德观念指导下，大学生的自律意识得到了显著增强。他们开始自觉遵守网络道德规范，主动抵制不良信息的诱惑和干扰。如：在浏览网页时，多数大学生还是能够自觉过滤掉低俗、暴力等不良内容；在参与网络讨论时，基本能够保持理性客观的态度，不随意发表过激言论或传播谣言。这种自律意识的增强不仅有助于维护网络空间的健康有序发展，还有助于提升大学生的个人素养和社会形象。

（2）责任感的提升

大学生逐渐认识到自己在网络空间中的责任和义务。他们开始意识到自己的言行举止不仅关系到个人的形象和利益，还关系到整个社会的和谐稳定。因此，他们在使用网络时更加谨慎和负责任。如：在发布信息时，他们会认真核实信息的真实性和准确性；在参与网络活动时，他们会积极贡献自己的力量并承担相应的责任。这种责任感的提升不仅有助于促进网络空间的健康发展，还有助于培养大学生的社会责任感和公民意识。

（3）文明行为的形成

在正确的网络道德观念引导下和多方共同努力下，大学生网络文明行为逐渐形成并得以巩固。他们开始注重在网络空间中展现自己的良好形象和素质。如：在交流时他们会使用文明礼貌的语言；在分享资源时他们会尊重原创和版权；在遇到问题时他们会积极寻求帮助并乐于助人。这种文明行为的形成不仅有助于营造积极向上的网络文化氛围，还有助于提升大学生的社会公德心和道德水平。

3. 文化自信

文化自信是一个国家、一个民族发展中更基本、更深沉、更持久的力量。在协同育人机制下，通过加强网络道德教育，大学生的文化自信得到了显著增强。

（1）中华优秀传统文化的传承

在协同育人机制下，高校通过开设中华优秀传统文化课程、举办传统文化活动等方式，引导学生深入了解和学习中华优秀传统文化中的道德思想和伦理观念。这些活动不仅增强了大学生对中华优秀传统文化的认同感和自豪感，还为其树立正确的网络道德观念提供了有力的文化支撑。

（2）红色文化的熏陶

红色文化是中国共产党在革命、建设和改革过程中形成的具有鲜明中国特色的文化形态。它蕴含着坚定的信仰追求、高尚的道德情操和无私的奉献精神等。在协同育人机制下，高校通过加强红色文化教育、组织学生参观红色教育基地等方式，让学生亲身感受红色文化的魅力和力量。这些活动不仅激发了大学生的爱国情怀和民族自豪感，还促使他们在网络空间中更加自觉地践行社会主义核心价值观，展现优秀中华儿女的良好形象。

（3）网络文化的创新与发展

在文化自信的基础上，大学生们开始积极参与网络文化的创新与发展，成为网络空间中的正能量传播者。他们利用网络平台，创作和传播具有正能量、积极向上的网络内容，如原创文章、短视频、公益广告等，以此来弘扬社会正气，传递正能量。同时，他们还积极参与网络文化活动的组织与策划，如网络文化节、网络知识竞赛等，为丰富网络文化内涵、提升网络文化品质贡献自己的力量。这种积极参与和创新发展的态度，不仅展现了大学生对网络文化的热爱和自信，也为构建清朗网络空间、推动网络文化繁荣发展注入了新的活力。

（二）校园文化层面

1.净化网络文化环境

高校通过加强网络道德教育和网络监管，有效净化了校园网络文化环境。一方面，高校建立健全了网络管理制度和规范，明确了网络使用的权利与义务，加强了对网络信息的审核和监管，防止了不良信息的传播和扩散。另一方面，高校还积极开展网络文明创建活动，引导学生树立正确的网络道德观念和行为习惯，形成了积极向上的网络文化氛围。这些措施的实施，使得校园网络文化环境得到了显著改善，为大学生的健康成长提供了良好的网络环境。

2.引领校园道德风尚

高校通过加强网络道德教育，不仅提升了学生的道德素质，还引领了校园的道德风尚。一方面，高校通过树立网络道德榜样、表彰先进典型等方式，激发了广大学生的向善之心和进取之志。这些榜样和典型以其高尚的道德品质和良好的网络行为为全校师生树立了标杆和榜样，引领着校园道德风尚的健康发展。另一方面，高校还积极开展道德实践活动和志愿服务活动，让学生在实践中锤炼道德品质、提升道德境界。这些活动不仅增强了大学生的社会责任感和公民意识，还促进了校园道德风尚的引领和传承。

（三）社会影响层面

1.示范效应

高校网络道德教育的成效不仅体现在校园内部，还产生了广泛的社会示范效应。高校作为社会的重要组成部分和人才培养的摇篮，其网络道德教育的成功经验和做法对于其他社会组织和机构具有重要的借鉴意义。许多企业和社区纷纷效仿高校的做法，加强自身网络道德教育和管理工作，推动了全社会网络道德水平的提升。同时，高校培养出来的具有高尚道德品质和良好网络行为的毕业生也成为社会的中坚力量，他们在各自的岗位上发挥着示范引领作用，为构建清朗网络空间、推动社会文明进步贡献着力量。

2. 舆论引导

高校还积极发挥舆论引导的作用，为网络道德建设营造良好的社会氛围。一方面，高校通过加强与媒体的合作与交流，及时发布网络道德教育的相关信息和成果，引导社会舆论关注网络道德问题并积极参与讨论。这些报道和评论不仅提高了公众对网络道德教育的认识和重视程度还激发了社会各界对网络道德建设的热情和积极性。另一方面高校还积极运用新媒体手段，如微博、微信公众号等，加强与公众的互动和沟通，及时回应社会关切，解答公众疑问，为构建和谐的网络舆论环境做出努力。

综上所述，协同育人机制下的网络道德教育在提升大学生认知、改善学生行为、增强文化自信、净化校园文化环境、引领道德风尚以及产生社会示范效应和舆论引导等方面取得了显著成效。这些成效不仅促进了大学生个人的全面发展和健康成长还为社会文明进步和和谐稳定提供了有力保障。

二、协同育人机制下网络道德教育面临挑战及其对策

（一）面临挑战

1. 信息爆炸与碎片化挑战

在信息化时代，网络信息资源呈爆炸式增长，且内容碎片化严重。大学生在面对海量信息时，往往难以筛选和辨别真伪，容易受到不良信息的影响。

同时，碎片化的信息获取方式也容易导致学生注意力分散，难以形成系统性和深入性的学习思考，从而影响其网络道德认知的形成和发展。

2.网络道德失范现象频发

如前所述，网络空间具有匿名性、虚拟性等特点，这使得部分大学生在网络中放松了对自己的道德要求，出现了网络道德失范现象。如网络暴力、网络诈骗、网络谣言等不良行为时有发生，破坏了网络生态环境和社会道德秩序。这些行为不仅损害了他人的合法权益，也影响了大学生自身的道德形象和人格发展。

3.协同育人机制不完善

虽然协同育人理念已得到广泛认可，但在实际操作中仍存在诸多不足和困难。一方面，高校、家庭和社会在网络道德教育方面的合作还处于初步探索和起步阶段，多方联系还不够紧密，缺乏有效的沟通机制和资源共享平台；另一方面，各主体在网络道德教育中的职责定位不够明确，存在重复劳动和资源浪费现象。此外，协同育人机制的评价体系也不完善，难以全面、客观地评估网络道德教育的效果。

4.教育内容与方法滞后

当前，部分高校在网络道德教育内容上仍停留在传统的道德规范宣讲层面，缺乏与时代发展相适应的新颖内容和案例。同时，教育方法也较为单一，多以课堂讲授为主，缺乏互动性和实践性。这种滞后的教育内容与方法难以激发学生的学习兴趣和积极性，也难以满足其个性化发展需求。

（二）对策建议

1.强化信息筛选与辨识能力培养

针对信息爆炸与碎片化挑战，高校应加强对大学生信息筛选与辨识能力的培养。一方面，可以通过开设信息素养课程或讲座等方式，教授学生如何筛选和辨别网络信息的真伪和价值；另一方面，可以引导大学生关注权威媒体和官方渠道发布的信息，减少接触不良信息的机会。同时，鼓励大学生积极参与网络讨论和交流活动，提高其批判性思维和独立思考能力。

2. 加强网络道德教育与引导

针对网络道德失范现象频发的问题，高校应加强对大学生的网络道德教育与引导。首先，要明确网络道德教育的目标和内容体系，将社会主义核心价值观、网络法律法规等内容纳入其中；其次，要创新教育方式方法，采用案例分析、角色扮演等互动式教学手段激发大学生的学习兴趣和参与度；最后，要加强对大学生网络行为的监督和管理力度，对于违反网络道德规范的行为要及时予以纠正和惩处，以维护良好的网络生态环境和社会道德秩序。

3. 完善协同育人机制

针对协同育人机制不完善的问题，高校应加强与家庭和社会的合作与沟通，共同构建全方位、多层次的协同育人机制。首先，要建立定期沟通机制确保高校、家庭和社会在网络道德教育方面的信息畅通无阻；其次，要明确各主体在网络道德教育中的职责定位，实现资源共享和优势互补；最后，要建立科学合理的评价体系，对网络道德教育的效果进行全面、客观的评估，并根据评估结果不断调整和优化协同育人机制。

4. 创新教育内容与方法

针对教育内容与方法滞后的问题，高校应不断创新网络道德教育的内容与方法，以适应时代发展的需求和学生的个性化发展需求。首先，要关注社会热点和焦点问题，及时将相关案例纳入教育内容，增强教育的针对性和实效性；其次，要引入新媒体技术，如：微信、微博等社交媒体平台拓展教育渠道和形式，进一步提高教育的互动性和趣味性；最后，要注重实践环节的设置和实践资源的开发，通过组织社会实践活动等方式让学生在实践中体验和感悟网络道德的重要性，不断提升自身的道德素养水平。

5. 构建良好的网络文化环境

构建良好的网络文化环境是加强网络道德教育的重要保障。高校应积极参与网络文化建设工作，通过举办网络文化节、开展网络文明创建活动等方式营造良好的网络文化氛围。同时，要加强网络监管力度，对于网络暴力、网络诈骗等不良行为要及时予以打击和惩处，以维护良好的网络生态环境和社会道德秩序。此外，还要加强对网络舆情的监测和分析，及时回应社会关切，引导社会舆论向积极健康的方向发展。

6.注重学生自主性与自律性的培养

在网络道德教育中，要注重培养大学生的自主性和自律性。首先，要引导大学生树立正确的网络道德观念明确自己的道德责任和义务；其次，要鼓励大学生积极参与网络道德实践活动，如：志愿服务、公益活动等，在实践中锻炼自己的道德品质和自律能力；最后，要建立完善的奖励机制，对于表现优秀的学生要给予适当的奖励和表彰，以激发其积极性和创造性。

7.加强师资队伍建设

加强师资队伍建设是提高网络道德教育质量的关键。高校应重视网络道德教育师资队伍的建设，通过引进和培养相结合的方式，打造一支高素质、专业化的网络道德教育教师队伍。

（1）引进专业人才

高校应积极引进具有网络道德教育背景或相关学科（如心理学、社会学、信息技术等）的专业人才，他们不仅具备扎实的理论基础，还能将理论与实践相结合，为学生提供更具针对性和实效性的教育指导。同时，这些专业人才还能为高校网络道德教育带来新的理念和方法，推动教育内容的创新和教育方式的改革。

（2）加强教师培训

对于现有的教师队伍，高校应定期组织网络道德教育相关的培训和学习活动。培训内容可以包括最新的网络道德教育理论、案例分析、教学方法与技巧等，帮助教师不断提升自身的专业素养和教学能力。此外，还可以鼓励教师参加国内外学术交流会议，拓宽视野，了解网络道德教育领域的最新动态和研究成果并将其中的优秀成果纳入师资培训内容框架。

（3）建立激励机制

为了激发教师参与网络道德教育的积极性和创造性，高校还应建立完善的激励机制。如：可以通过设立教学奖励、科研成果奖励等方式，对在网络道德教育中表现突出的教师进行表彰和奖励。同时，还可以将网络道德教育工作纳入教师职称评定和绩效考核体系，确保教师在网络道德教育方面的努力和贡献得到应有的认可和回报。

8. 加强家校合作

高校应加强与家长的沟通和联系，共同关注大学生的网络行为和网络道德状况。可以通过家长会、家访、电话沟通等方式，向家长介绍网络道德教育的重要性和方法，引导家长树立正确的教育观念，积极参与孩子的网络道德教育。同时，还可以建立多元化的家校合作平台，助力实现更多元的信息共享和资源共享，共同为大学生的健康成长营造良好的网络环境。

9. 融入社会实践

社会实践是大学生了解社会、认识自我、提升素质的重要途径。高校应将网络道德教育融入社会实践活动中，让大学生在实践中体验和感悟网络道德的重要性。可以组织大学生参与网络文明创建活动、网络志愿服务等实践活动，让大学生在实践中锻炼自己的道德品质和自律能力。同时，还可以引导大学生关注社会热点和焦点问题，通过参与网络讨论和交流活动，提高自身批判性思维和独立思考能力。

10. 借助科技手段提升教育效果

随着科技的发展，高校应充分利用现代科技手段提升网络道德教育的效果。可以开发网络道德教育相关的 App、在线课程等教育资源，为大学生提供便捷的学习途径和丰富的学习内容。同时，还可以利用大数据分析技术，对大学生的网络行为和网络道德状况进行监测和分析，为个性化教育提供数据支持。

三、协同育人机制下网络道德教育的未来展望

（一）教育理念的创新与深化

1. 树立全人教育理念

未来网络道德教育将更加注重全人教育理念的实施。全人教育强调人的全面发展，不仅关注学生的认知能力，还重视其情感、态度、价值观等方面

的培养。在网络道德教育中，这意味着不仅要传授网络道德知识，还要引导学生树立正确的网络道德观念，培养其自律、责任、尊重等道德品质。通过全人教育理念的引导，学生将能够在网络空间中做出正确的道德判断和选择，成为具有高尚道德情操和良好网络素养的公民。

2.强化终身教育理念

网络技术的快速发展使得网络道德教育成为一个持续不断的过程，将来终身教育理念将在网络道德教育中得到进一步强化。这意味着网络道德教育不应仅局限于学校阶段，而应贯穿于人的一生。通过构建终身学习的网络道德教育体系，人们可以不断适应网络技术的发展变化，持续提升自己的网络道德素养。同时，社会、家庭、学校等各方也应共同努力，为人们的终身学习提供支持和保障。

（二）教育模式的创新与拓展

1.线上线下融合的教学模式

未来网络道德教育将更加注重线上线下融合的教学模式。线上教学具有资源丰富、灵活便捷等优势，也可以为学生提供更加个性化的学习体验；线下教学则具有互动性强、情感交流充分等特点，有助于培养学生的实践能力和团队合作精神。通过线上线下融合的教学模式，学生可以充分利用两种教学方式的优点，实现优势互补，提高学习效果。

2.情境模拟与角色扮演教学法

情境模拟与角色扮演教学法是未来网络道德教育的重要创新方向。通过模拟真实的网络道德情境，让学生扮演不同的角色进行互动和决策，可以帮助学生更好地理解网络道德规范和伦理准则，并培养其应对复杂网络道德问题的能力。这种教学方法不仅具有趣味性和互动性，还能有效提升学生的参与度和学习效果。

3.跨学科整合的教学模式

网络道德教育涉及多个学科领域，如心理学、社会学、信息技术等。今后跨学科整合的教学模式将成为网络道德教育的重要趋势。通过整合不同学科的知识和方法，可以为大学生提供更加全面、深入的网络道德教育。例如，心理学可以帮助大学生理解网络行为背后的心理机制；社会学可以引导大学生分析网络社会中的道德现象和问题；信息技术则可以为大学生提供应对网络道德挑战的技术支持。

（三）教育资源的丰富与优化

1. 优质教育资源的共享与整合

未来网络道德教育将更加注重优质教育资源的共享与整合。通过构建开放、共享的教育资源平台，可以实现教育资源的优化配置和高效利用。高校、研究机构、企业等各方可以共同开发和维护网络道德教育资源库，为广大学生提供丰富多样的学习资源。同时，还可以利用大数据、人工智能等技术手段对教育资源进行智能推荐和个性化定制，以满足不同学生个性化学习需求。

2. 引入社会资源和专家力量

未来网络道德教育将积极引入社会资源和专家力量。通过与社会组织、企业等合作，可以为学生提供更加贴近实际、具有针对性的网络道德教育。同时，还可以邀请网络道德领域的专家学者参与教学和研究工作，为网络道德教育提供理论支持和实践指导。这些专家和学者可以通过讲座、研讨会等形式与学生进行互动交流，激发大学生的学习兴趣和探索精神。

（四）教育环境的营造与优化

1. 构建良好的校园网络环境

校园网络环境是影响学生网络道德行为的重要因素之一。高校应更加注重构建良好的校园网络环境，通过加强网络安全管理、优化网络资源配置、丰富网络文化活动等方式，为大学生营造一个健康、积极、向上的网络空间。同时，还可以利用校园网络平台开展网络道德教育宣传活动，引导大学生树立正确的网络道德观念和行为习惯。

2. 加强家校合作与社区联动

家庭和社会是网络道德教育的重要补充力量。未来，高校将更加注重与家庭和社区的合作与联动。通过建立家校合作机制、开展社区教育活动等方式，可以形成家校社协同育人的良好局面。家长可以积极参与孩子的网络道德教育过程，关注孩子的网络行为和网络道德状况；社区则可以为学生提供更加广阔的学习和实践平台，让大学生在实践中锻炼自己的网络道德素养。

3. 强化网络道德监管与评估

网络道德监管与评估是保障网络道德教育效果的重要手段。政府网络监管相关部门可以通过建立健全的网络道德监管机制、制订科学的评估标准和指标体系等方式，可以对网络道德教育的实施效果进行全面、客观的评估。同时，还可以根据评估结果及时调整和优化教育策略和方法，确保网络道德教育的针对性和实效性。

（五）技术应用的创新与融合

1. 利用大数据技术进行个性化教育

大数据技术为个性化教育提供了可能。高校可以利用大数据技术对学生的网络行为和网络道德状况进行"画像"。大数据技术为网络道德教育的个性化实施提供了强有力的支持。通过收集和分析大学生在网络空间中的行为数据、互动记录以及学习反馈，可以形成每个学生的个性化学习画像。基于这些数据，教育平台可以智能推荐适合学生的网络道德教育内容、难度和进度，实现因材施教。此外，大数据还能帮助教师及时发现大学生在网络道德方面存在的问题和困惑，从而进行有针对性的指导和干预，提高教育的精准度和有效性。

2. 人工智能辅助教学与评估

人工智能（AI）技术在教育领域的应用日益广泛，其在网络道德教育中的潜力同样巨大。未来，AI 可以作为教学助手，参与到网络道德教育的各个环节中。如：AI 可以模拟真实的网络道德情境，与大学生进行互动对话，评估其道德判断和决策能力；AI 还可以根据学生的表现和学习进度，自动调整教学策略和难度，确保教育的连续性和适应性。在评估方面，AI 能够更加客观、准确地评估大学生的网络道德素养，减少人为因素的干扰，提高评估的公正性和科学性。

3. VR 与 AR 技术的深层应用

VR 和 AR 技术为网络道德教育带来了全新的教学方式和体验。通过 VR 技术，大学生可以身临其境地参与到各种网络道德情境中，感受不同道德选择带来的后果和影响，从而增强其对网络道德规范的认同感和责任感。AR 技术则可以将网络道德教育内容与现实世界相结合，让学生在日常生活中随时随地进行学习和实践。如：利用 AR 技术，可以让学生在手机上扫描二维码后看到相关的网络道德案例或提示信息，增强教育的趣味性和互动性。

（六）国际交流与合作的深化

1. 加强国际间网络道德教育经验分享

网络道德问题是全球性的挑战，需要各国共同应对。高校应积极参与国际间的网络道德教育交流与合作，分享各自在教育教学、政策制定、监管评估等方面的经验和做法。通过互学互鉴，可以吸收借鉴国际先进理念和做法，推动我国网络道德教育的创新发展。

2. 共建国际网络道德教育平台

为了加强国际间的网络道德教育交流与合作，可以共同建设国际网络道德教育平台。该平台可以汇集全球优质的网络道德教育资源、研究成果和案例分享，为各国教育工作者和大学生提供一个开放、共享的学习和交流空间。同时，该平台还可以举办在线研讨会、工作坊等活动，促进国际间的学术交流与合作。

3. 推动跨国网络道德教育项目合作

跨国网络道德教育项目合作是深化国际交流与合作的重要途径。通过联合多个国家的高校、研究机构和企业等力量，共同开展网络道德教育项目研究与实践。这些项目可以针对特定的网络道德问题或挑战进行深入探讨和合作研究，提出解决方案和策略建议。通过跨国合作项目的实施，不仅可以提升我国在网络道德教育领域的国际影响力，还可以为全球网络道德教育的发展贡献中国智慧和力量。

协同育人机制下的网络道德教育是一项长期而复杂的系统工程，需要政府、学校、家庭、社会等多方面的共同努力和配合。未来，随着教育理念的不断创新、教育模式的不断拓展、教育资源的不断丰富与优化、教育环境的不断营造与优化以及技术应用的不断创新与融合，网络道德教育将呈现出更加多元化、个性化、智能化和国际化的发展趋势。在全社会的共同努力下，网络道德教育一定能够取得更加显著的成效，为培养具有高尚道德情操和良好网络素养的公民作出积极贡献。

第八章　案　例

案例一：传统诚信文化在网络道德行为引导中的实践

案例内容：为了引导传统诚信文化在大学生网络道德教育中的实践运用，教育大学生在网络世界中保持诚实守信的品质，某高校在具体工作中采取一些举措以促进大学生网络诚信素养提升。

该高校认识到诚信作为传统文化中的核心价值观，对于网络道德行为的重要性不言而喻。因此通过一系列实践活动，将传统诚信文化融入大学生网络道德行为引导中。首先，发起"网络诚信签名"活动。在活动中，大学生们自愿签署承诺书，承诺在网络交流中保持诚实守信，不传播虚假信息，不参与网络欺诈等行为。活动增强了大学生们的诚信意识，教育大学生在网络世界中坚守诚信原则。其次，开展"诚信网络使者"计划。选拔一批在网络道德行为方面表现优秀的学生担任"诚信网络使者"，在校园内积极宣传诚信文化，引导广大同学树立正确网络道德观念。这些"诚信网络使者"通过分享自己的诚信故事和经验，激发更多学生践行网络诚信的热情。此外，还加强家校共育工作，共同引导大学生网络道德行为向上向善发展趋势。如：通过家长会、辅导员家访等形式，向家长宣传传统诚信文化的重要性，调动家长积极配合学校多关注孩子的网络行为，共同培养学生良好的网络诚信品质。以上实践措施在引导大学生在网络世界中保持诚实守信品质方面取得良好成效。

案例总结： 传统诚信文化在引导大学生网络道德行为方面发挥了重要作用。通过发起签名活动、开展"诚信网络使者"计划以及加强与家长的沟通合作等，逐步提高了大学生的网络诚信意识。

原因分析： 传统诚信文化中的诚实守信品质是网络道德行为的重要基石。通过一些诚信相关的主题实践活动和家校合作，高校为大学生营造了一个诚信为本的网络环境，使学生在实践中深刻体会到诚信的重要性。

对策： 为了进一步加强传统诚信文化在大学生网络道德行为引导中的作用，高校还可以采取以下措施：一是深入开展诚信教育，将诚信文化融入课程教学中；二是加强对学生网络行为的监管和引导，建立完善的网络诚信评价体系；三是加强与社会各方的联动，共同营造诚信为本的网络社会氛围。

案例二：传统"礼之用"思想在网络礼仪教育中的应用

案例内容： 为了培养大学生在网络空间中良好的礼仪素养，某高校引入了传统"礼之用"思想，将其应用于网络礼仪教育中，取得了显著效果。"礼之用"是中华传统文化中强调礼仪与和谐共处的重要思想。在网络时代，这一思想对于引导大学生树立正确的网络礼仪观念具有重要意义。

该高校通过以下方式将"礼之用"思想应用于网络礼仪教育中。首先，学校将传统礼仪文化与网络礼仪教育相结合。在课程设置中，学校融入了传统礼仪文化的元素，通过讲解传统礼仪的内涵和礼仪在网络空间中的应用，引导学生理解网络礼仪的重要性。同时还组织网络礼仪知识竞赛、礼仪文化展览等活动，引导大学生在实践中学习和体验传统礼仪。其次，学校注重培养学生的网络礼仪意识。通过举办网络礼仪讲座等方式，学校向学生传授网络礼仪的基本规范和行为准则，倡导大学生在网络交流中使用文明礼貌语言、尊重他人，维护和谐的网络氛围。此外，学校还加强对大学生网络行为监管和引导，建立完善的网络行为规范体系，明确规定了大学生在网络空间中的行为底线和违规行为的处罚措施。学校通过对网络舆情的监测和分析，及时发现和纠正学生的不良网络行为。这些措施有效地引导了大学生将传统"礼之用"的思想应用于网络礼仪教育中。学生们在网络交流中更加注重礼仪和和谐，网络礼仪方面有了明显进步和改善。

案例总结： 传统"礼之用"思想在网络礼仪教育中发挥了重要作用。通过结合传统礼仪文化、培养学生网络礼仪意识以及加强网络行为监管和引导等措施，该高校运用"礼之用"思想于网络礼仪教育中，明显地提升了大学生的网络礼仪素养。

原因分析： 传统"礼之用"思想强调礼仪与和谐共处，与网络礼仪教育的目标相契合。通过具体的教育活动和实践操作，大学生能够深刻体会到网络礼仪的重要性，并学会将传统礼仪文化应用于网络空间中。

对策： 为了更好地将传统"礼之用"思想融入网络礼仪教育中，高校可以从以下思路开展工作：一是深入挖掘传统礼仪文化中的教育资源，丰富网络礼仪教育内容；二是创新教育方式方法，如采用案例分析、角色扮演等教学方式；三是探索与相关网络机构建立协同合作机制，共同推动"礼之用"思想在网络礼仪教育中的应用。

案例三：传统"慎独"思想在网络自律行为中的应用

案例内容： 网络空间中的自律行为对于维护网络秩序和塑造良好的网络环境至关重要。某高校借鉴传统"慎独"思想，鼓励大学生在网络行为中坚持自律，取得了积极效果。"慎独"是中华传统文化中强调个体在独处时也要保持谨慎、自律的思想。在网络时代，这种思想对于引导大学生在网络空间中自觉遵守规则、保持自律行为具有非常重要的意义。

首先，该校加强对大学生的网络自律教育。通过开设网络道德与自律课程，学校向大学生传授网络自律的重要性以及如何在网络空间中保持自律行为。学校还利用校园网站和社交媒体平台发布关于网络自律的文章和案例，引导大学生深入思考网络自律的内涵和要求。其次，学校倡导大学生在网络行为中践行"慎独"思想。鼓励学生在独处时也要保持谨慎、自律的态度，不因为缺乏他人监督而放纵自己的网络行为。再次，学校通过举办网络自律主题活动、开展网络自律知识竞赛等方式，激发大学生的自律意识和积极性。此外，学校还建立了网络自律监督机制。通过设立网络自律监督小组、建立网络行为举报制度等方式，学校加强对大学生网络行为的监管和约束。对于违反网络自律要求的行为，学校及时给予批评教育和相应处罚，以维护网络秩序和良好环境。通过以上举措，学生在网络空间中更加注重自律、遵守规则，网络秩序得到了有效维护，网络环境也得到了显著改善。

案例总结：传统"慎独"思想在网络自律行为中发挥了重要作用。通过加强网络自律教育、倡导学生践行"慎独"思想以及建立网络自律监督机制等措施，该高校将"慎独"思想应用于网络自律行为中，在提升大学生网络自律意识和行为水平方面取得了良好成效。

原因分析：传统"慎独"思想强调个体在独处时也要保持谨慎、自律的态度，这与网络自律行为的要求相契合。通过具体教育活动和实践操作，大学生们能够深刻体会到网络自律的重要性，并在网络行为中自觉遵守规则、保持自律行为。

对策：高校可以从以下方面将传统"慎独"思想融入大学生网络自律行为，一是持续加强网络自律教育，提高大学生的自律意识和行为水平；二是创新教育方式方法，如采用情景模拟、角色扮演等教学方式，增强学生的自律实践能力；三是加强与社会的合作，共同推动网络自律行为的普及和实践；四是建立网络自律激励机制，对于表现出色的大学生给予表彰和奖励，以激发学生的自律积极性和创造力。

案例四：传统"知行合一"理念在网络素养教育中的实践

案例内容：大学生的网络素养日益成为其综合素质的重要组成部分。某高校结合传统"知行合一"的理念，对大学生的网络素养教育开展了创新实践。"知行合一"是中华传统文化中强调知识与实践相结合、理论与实践相统一的重要思想。

　　该高校通过以下方式将"知行合一"理念应用于网络素养教育中。首先，将网络素养教育融入课程体系。通过开设网络素养相关课程，学校向大学生传授网络知识、技能和价值观，引导大学生形成正确的网络观念。学校还注重将理论知识与实践操作相结合，通过案例分析、模拟演练等方式，让大学生在实践中学习和提升网络素养。其次，学校开展丰富多彩的网络素养实践活动。组织网络素养知识竞赛、网络创新大赛、网络安全挑战赛等活动，让学生在参与中锻炼和提升自己的网络素养。同时，学校还鼓励和引导大学生参与网络志愿服务、网络文明传播等社会实践活动，将所学知识运用到实际中，实现知行合一。再次，建立网络素养教育评估机制。通过定期评估学生网络素养水平，及时发现不足和问题，并针对性地进行辅导和指导。同时，学校还将网络素养教育成果纳入大学生综合素质评价体系，激励学生不断提升自己的网络素养。通过这些措施，该校大学生网络素养得到全面提升，不仅在理论知识上有所掌握，更能够在实践中灵活运用所学知识，践行"知行合一"。

　　案例总结：传统"知行合一"理念在网络素养教育中发挥了重要作用。通过融入课程体系、开展实践活动以及建立评估机制等方式，该高校成功地将"知行合一"理念应用于网络素养教育中，提高了大学生的网络素养水平和实践能力。

　　原因分析：传统"知行合一"理念强调知识与实践相结合、理论与实践相统一，与网络素养教育的目标相契合。通过具体的实践活动和教育措施，大学生们能够将在课堂上学到的网络知识运用到实际中，落实"知行合一"，从而提升自身网络素养。

　　对策：高校可以采取以下措施加强传统"知行合一"理念在网络素养教育中的应用：一是持续完善课程体系，将更多网络素养相关内容纳入教学计划；二是创新实践活动形式和内容，以生动活泼、喜闻乐见、更加贴近学生实际和需求的形式开展活动；三是完善评估机制，建立更加科学、全面的评价体系来评估大学生的网络素养水平。

案例五：传统"尊师重道"思想在网络教育环境中的体现

案例内容： 随着网络教育的兴起，传统"尊师重道"思想在网络教育环境中也得以体现。"尊师重道"是中华传统文化中强调尊敬师长、尊重学问的重要思想。某高校通过以下方式将"尊师重道"思想应用于网络教育中。

首先，学校强调"尊师重道"是中华民族的优良传统，从道义上树立学生尊师的原则伦理。在网络教育平台上，学校要求大学生使用礼貌用语，尊重教师的知识和经验。建立网络礼仪规范，明确规定大学生在与教师交流时的行为准则，以维护良好的师生关系。其次，学校注重培养大学生的学术诚信意识。在网络教育过程中，学校要求大学生严格遵守学术规范，尊重他人的知识产权和学术成果。同时加强对学术不端行为的监督和处罚力度，以维护学术公正性和严肃性。此外，学校还倡导学生尊重网络教育资源。学校提供了丰富的教育资源供学生学习和使用，并要求大学生珍惜这些资源，不恶意传播和篡改他人作品，以维护网络教育环境的良好秩序和网络资源的健康使用。通过这些措施，大学生在网络教育中学习尊重师长、尊重学问和尊重他人劳动成果，网络教育环境得到了改善。

案例总结： 传统"尊师重道"思想在网络教育环境中发挥了重要作用。通过强调学生对教师的尊重、培养学生的学术诚信意识以及倡导学生尊重网络教育资源等方式，将"尊师重道"思想应用于网络教育中，提高了大学生的道德素质和网络教育效果。

原因分析： 传统"尊师重道"思想强调尊敬师长、尊重学问和尊重他人劳动成果，与网络教育环境要求相契合。通过具体的实践活动和教育措施，大学生们能够深刻体会到尊重他人及他人知识、劳动的重要性，从而在网络教育过程中自觉遵守规则、维护良好的教育环境。

对策： 高校可以采取以下措施更好地加强传统"尊师重道"思想在网络教育环境中的应用：一是加强对大学生的网络礼仪教育，引导学生树立正确的网络交往观念；二是建立完善的学术诚信体系，加强对大学生学术不端行为的监督和处罚力度；三是加强师生之间的互动和交流，建立良好的师生关系和学术氛围。四是高校加强与家庭、社会等各方合作，共同营造尊重师长、尊重学问和尊重他人劳动成果的网络教育环境。

案例六：传统"和合"思想在网络社交中的实践

案例内容：网络社交作为现代大学生生活的重要组成部分，如何在其中实现和谐共处、促进交流成为高校教育的新课题。某高校借鉴传统"和合"思想，引导大学生在网络社交中践行和谐、合作的理念，取得了积极成果。"和合"是中华传统文化中强调和谐共处、团结协作的重要思想。在网络社交中，这种思想同样具有指导意义。该高校通过以下方式将"和合"思想应用于网络社交中。

首先，学校注重培养大学生的网络社交和谐观。通过开设网络社交课程、举办网络社交主题讲座等方式向学生传授如何在网络社交中保持礼貌、尊重他人、避免冲突等社交技巧，引导大学生树立和谐共处的网络社交观。其次，学校倡导学生在网络社交中践行合作精神。鼓励大学生在参与网络讨论、团队协作等活动中积极参与、相互支持，培养大学生的合作精神和团队协作能力。同时，学校还通过举办网络社交活动、组织网络志愿服务等方式，为大学生提供更多践行合作精神的平台。此外，学校还建立了网络社交纠纷调解机制。对于大学生在网络社交中出现的纠纷和冲突，学校会及时介入调解，引导大学生以和平、理性的方式解决问题，维护网络社交的和谐氛围。这些措施使得大学生在网络社交中更加注重和谐共处、团结协作，网络社交环境得到了显著改善，学生的网络社交能力也得到了提升。

案例总结：传统"和合"思想在网络社交中发挥了重要作用。通过培养网络社交礼仪、倡导合作精神以及建立纠纷调解机制等方式，促进了大学生的和谐共处和团结协作。

原因分析：传统"和合"思想强调和谐共处、团结协作，与网络社交中的和谐共处、促进交流的要求相契合。通过具体的教育活动和实践操作，大学生们能够深刻体会到和谐共处和团结协作的重要性，并在网络社交中积极践行这些理念。

对策： 为加强传统"和合"思想在网络社交中的应用，高校可以从以下方面采取措施：一是持续加强大学生的相关引导教育，提高大学生的网络社交素养；二是创新网络社交活动形式和内容，为大学生提供更多践行合作精神的平台；三是加强与社会的合作与交流，共同推动网络社交的健康发展。

案例七：传统"勤俭节约"美德在网络消费中的传承

案例内容： 在网络消费日益普遍的今天，引导学生将传统"勤俭节约"美德应用于网络消费中，旨在培养学生的理性消费观念和节约意识。"勤俭节约"是中华传统文化中强调节约资源、珍惜财物的重要美德。在网络消费中，勤俭节约对于避免浪费、促进可持续发展具有重要意义。某高校通过以下方式将"勤俭节约"美德应用于网络消费中。

首先，加强对大学生的网络消费教育。通过开设网络消费课程、举办网络消费讲座等形式向学生传授如何理性消费、避免盲目跟风等知识，引导大学生树立勤俭节约的网络消费观念。其次，倡导学生在网络消费中践行"勤俭节约"原则。鼓励学生在购物时量入为出、避免过度消费，选择实用、性价比高的商品。通过举办勤俭节约主题活动、开展闲置物品交换等方式，为大学生提供更多践行"勤俭节约"美德的平台。此外，还建立了网络消费监督机制。通过定期收集学生网络消费数据、了解学生的消费习惯和偏好，学校可以通过大数据分析及时发现问题并给予指导，确保学生在网络消费中践行"勤俭节约"美德。经引导教育和党员等先锋群体的带动引领，该校大学生在网络消费中更加注重理性消费、节约资源，网络消费环境趋向于理性节约。

案例总结： 传统"勤俭节约"美德在网络消费中发挥了重要作用。通过加强网络消费教育、倡导学生践行"勤俭节约"原则以及建立监督机制等方式将"勤俭节约"美德应用于网络消费中，培养了学生的理性消费观念和节约意识。

原因分析： 传统"勤俭节约"美德强调节约资源、珍惜财物，与网络消费中强调的理性消费、避免浪费的要求相契合。通过线上线下、多元化的勤俭节约主题教育活动，大学生们能够深刻体会到勤俭节约的重要性，并在网络消费中积极践行这一美德。

对策： 高校可以从以下方面将传统"勤俭节约"美德融入大学生的网络消费行为中去，教育大学生将其内化于心、外化于行。一是加强教育网络消费教育，提高大学生的理性消费意识和辨别能力；二是创新勤俭节约主题活动形式和内容，为大学生提供更多践行勤俭节约美德的平台；三是加强与家长、社会的合作与交流，共同推动网络消费的健康发展。

案例八：传统文化中"自强不息"精神在网络创业中的体现

案例内容： 随着网络创业的兴起，越来越多的大学生选择通过网络平台开展创业活动，高校将传统"自强不息"精神应用于网络创业中，培养学生的创业意识和创新能力。"自强不息"是中华传统文化中强调自我超越、不断进取的精神。在网络创业中，这种精神对于应对挑战、克服困难具有重要意义。某高校通过以下方式将"自强不息"精神应用于网络创业中。

首先，通过开设创业课程、举办创业讲座和创业计划大赛等途径向学生传授创业知识，培养大学生的创业意识和创新思维。设立创业指导中心，为学生提供个性化的创业指导和咨询服务。其次，鼓励大学生积极参与网络创业实践。通过与企业合作、搭建创业实践平台等方式为大学生提供了丰富的创业资源和机会。大学生在实践中不断探索、尝试，不断挑战自我、超越自我，实现了自我价值的提升。此外，还建立了创业支持体系。通过提供创业资金、创业场地和创业导师等资源支持，学校帮助大学生解决了创业过程中的一些实际问题，为大学生创业发展提供了有力保障。

案例总结： 传统"自强不息"精神在网络创业中发挥了重要作用。通过加强创业教育、提供实践机会和资源支持等方式将"自强不息"精神应用于网络创业中，培养了大学生的创业意识和创新能力。

原因分析： 传统"自强不息"精神强调自我超越、不断进取，与网络创业中强调的创新、挑战、超越自我的要求相契合。通过具体的教育活动和实践操作，大学生们能够深刻体会到自强不息的重要性，并在网络创业中积极践行这一精神。

对策： 为了进一步加强传统"自强不息"精神在网络创业中的应用，高校可以采取以下措施：一是持续加强创业教育，培养大学生的创业意识和创新思维；二是搭建更多创业实践平台，为大学生提供丰富的创业资源和机会；三是进一步完善创业支持体系，为大学生提供更多的资源支持和指导服务；四是探索建立创业榜样机制，表彰在网络创业中表现突出的学生，以激励更多大学生践行"自强不息"精神。

案例九：以《论语》智慧引导大学生网络道德实践

案例内容： 为有效引导大学生树立正确的网络道德观念，某高校以传统文化中的《论语》智慧为基础，开展了一系列网络道德行为引导策略。

首先，开设以《论语》智慧为指导的网络道德教育选修课程。课程中，教师精选《论语》中的经典语句，结合现代网络环境，进行深入的解读和阐释。大学生们通过学习，不仅懂得了《论语》中的道德观念，还学会了如何将其应用于网络行为中。其次，组织一系列以《论语》为主题的网络道德实践活动。例如，举办"网络诚信日"活动，倡导学生遵循《论语》中的"诚信"原则，在网络中诚实守信；开展"仁爱网络行"活动，鼓励学生将《论语》中的"仁爱"精神转化为网络中的友善互助行为。此外，充分利用校园网络平台，宣传《论语》智慧及网络道德知识。以多种形式，如发布相关文章、视频和案例实现引导大学生深入理解传统文化的价值，提升网络道德意识的目的。在实施网络道德行为引导策略的过程中，学校还积极探索与其他教育资源的结合。如：与图书馆合作举办《论语》研读会，为大学生提供深入学习和交流的平台；邀请传统文化专家进行讲座，为大学生带来更为丰富的知识和见解。同时，学校还注重与家庭、社会的联动。通过家长会、家访等形式，与家长沟通学生的网络道德行为情况，引导家长在家庭教育中注重传统文化的传承和网络道德的教育。此外，学校还积极与社区、企业等合作，开展网络道德宣传和实践活动，形成全社会共同关注、共同参与的良好氛围。

案例总结： 该高校以《论语》智慧为引导，通过课程设置、实践活动和网络宣传等多种方式，有效地引导了该校大学生树立正确网络道德观念和行为规范。大学生在参与过程中，不仅深化了对传统文化的理解，还提高了网络道德素养。同时，通过与其他教育资源的结合和家庭、社会的联动，形成了全方位、多层次的引导体系，取得了显著成效。

原因分析： 首先，《论语》作为中国传统文化的经典之作，具有深厚的文化底蕴和广泛的社会认可度。以《论语》智慧为引导制订网络道德行为引导策略，能够为大学生提供认同度较高、全面深入的网络道德教育。其次，学校对网络道德教育的高度重视和大力投入为策略的实施提供了有力保障。学校通过开设课程、组织活动、加强网络宣传等多种方式，全方位推进网络道德教育工作。此外，学生自身对传统文化的兴趣和认同感也是策略成功实施的重要因素之一。该校大学生们在参与《论语》学习和网络道德实践过程中，逐渐认识到传统文化的价值和意义，从而在此指导下更自觉地遵守网络道德规范。

对策： 首先，深入挖掘传统文化中的道德教育资源，结合现代网络环境的特点，制订更具针对性的网络道德教育内容；其次，加强网络道德教育师资队伍建设，提高教师的传统文化素养和教育能力，使他们能够更好地将传统文化与网络道德教育相结合；再次，创新网络道德教育的形式和方法，利用新媒体技术开展线上线下相结合的教育活动，提高教育的吸引力和实效性；最后，加强与家庭、社会等各方面的协同育人机制，形成全社会共同关注、共同参与的良好氛围，共同推动大学生良好网络道德行为的养成。

案例十："和而不同"思想在大学生网络多元文化交融中的实践应用

案例内容： 如何在保持文化多样性的同时，促进不同文化之间的和谐共处，是高校德育工作面临的新挑战。某高校以传统"和而不同"思想为指导，尝试探索一条大学生网络多元文化交融的实践路径。

首先，通过开设多元文化课程、举办文化交流活动等方式，引导大学生深入了解不同文化的特点和价值，增强其对文化包容性和理解能力。同时加强对网络空间的监管，确保多元文化交流的秩序和安全。在构建人类命运共同体理念指引下，学校鼓励大学生在网络空间中积极参与多元文化交融的丰富实践。他们通过建立跨文化交流平台，促进不同文化背景的大学生间交流与合作；开展网络文化展示活动，展示各自文化的魅力与特色；组织网络文化研讨会，就文化差异和共融问题进行深入探讨。经过初步探索和实践，该校大学生在网络多元文化交融中取得了良好成效。他们不仅能够理解和尊重不同文化，还能够在交流中相互学习、共同进步，形成了开放、包容、和谐的网络文化氛围。为了进一步推广"和而不同"思想在大学生网络多元文化交融中的应用，该校还加强了与国内外其他高校的合作与交流。如：举办网络多元文化论坛，分享各自在多元文化交融方面的经验和做法；开展跨文化合作项目，加强不同文化背景学生之间的实质性合作与交流；建立国际文化交流基地，为大学生提供更多接触和了解不同文化的机会。

案例总结：通过引入传统"和而不同"思想，促进大学生在网络空间中的多元文化交融，初步构建了一种开放、包容、和谐、共享的网络文化氛围，不仅有助于提升大学生的文化素养和跨文化交际能力，还有利于推动文化多样性的发展和全球文化的交流与融合。

原因分析：一是"和而不同"思想本身强调在保持文化多样性的基础上实现和谐共处，与多元文化交融的需求高度契合；二是学校对多元文化交融工作的重视和投入，为相关工作的顺利开展提供了有力保障；三是学生参与度高，积极参与多元文化交融实践活动，亲身体验并认同"和而不同"思想的价值；四是拓展活动的丰富多样，增强了活动的吸引力和影响力，进一步推动"和而不同"思想在大学生群体中的传播和应用。

对策：一是深入挖掘和整理传统文化中的"和而不同"思想资源，结合现代网络环境的特点，制订更具针对性的教育内容和形式；二是加强跨文化交流平台的建设和管理，为大学生提供便捷、安全的交流平台和渠道；三是开展形式多样的网络文化活动，激发大学生的参与热情和创造力；四是加强与其他高校和国际组织的合作与交流，共同推动多元文化的交融与发展；五是建立完善的评价和激励机制，鼓励大学生积极参与多元文化交融实践，力求形成长效机制。

案例十一：传统"厚德载物"思想在大学生网络道德行为引导中的启示

案例内容：为了引导当代大学生树立正确的网络道德观念，某高校基于"厚德载物"的传统文化理念，开展了一系列网络道德行为引导活动。

该校首先举办了"网络文明，从我做起"的主题讲座，邀请传统文化专家和网络伦理学者为学生们深入浅出地讲解"厚德载物"的含义及其在网络时代的应用。专家通过案例分析，指出了当前大学生在网络行为中存在的问题，并强调了网络道德行为的重要性。随后，学校组织了一系列实践活动，如"网络正能量传递"的微博话题讨论、"网络谣言粉碎机"的辟谣活动以及"网络礼仪课堂"等。这些活动旨在通过学生的亲身参与，让他们在实践中感受网络道德的力量，学会在网络空间中尊重他人、理性表达、文明交流。此外，学校还建立了网络道德行为监督机制，对学生在网络空间中的行为进行监督和评价，对于表现优秀的学生，学校给予表彰和奖励，对于存在问题的学生，学校进行约谈和指导，帮助他们纠正不良行为。

案例总结：经过一段时间的引导和实践，该校大学生的网络道德行为有了明显的改善。学生们普遍认识到网络道德行为的重要性，学会了在网络空间中遵守规则、尊重他人、理性表达。同时，学校的网络空间也变得更加和谐、文明、有序。

原因分析：一是传统文化理念的渗透。"厚德载物"的传统文化理念为大学生网络道德行为引导提供了深厚的文化底蕴。这种理念强调个人品德的修养和对他人的尊重，与良好的网络道德行为的要求高度契合。二是多样化的引导方式。学校通过讲座、实践活动、监督机制等多种方式对大学生进行网络道德行为引导，使学生们能够在不同场合、不同形式中感受到网络道德的力量。三是学生的积极参与。大学生是网络空间的主要使用者，他们的积极参与是网络道德行为引导取得成功的关键。通过亲身参与实践活动，学生们能够更深刻地理解网络道德行为的重要性，并自觉践行。

对策： 首先，要加强传统文化教育。在大学生中加强传统文化教育，特别是"厚德载物"等与网络道德行为密切相关的理念。通过教育引导学生树立正确的价值观、道德观和网络观。其次，丰富引导方式。不断创新网络道德行为引导的方式和手段，如利用新媒体平台开展网络道德宣传活动、组织网络道德知识竞赛等，以吸引学生的参与和关注。再次，要完善监督机制。建立健全网络道德行为监督机制，对学生在网络空间中的行为进行监督和评价。对于存在问题的学生及时进行约谈和指导，帮助他们纠正不良行为。最后，加强家校合作。加强学校与家庭之间的合作与沟通，共同关注大学生的网络道德行为。通过家庭教育引导学生树立正确的网络道德观念并自觉遵守网络行为规范。

案例十二：中华优秀传统文化中"天下为公"理念的网络运用与实践

案例内容： 某知名大学的学生会组织了一场名为"天下为公，网络道德我先行"的主题活动，旨在从传统文化的视角出发，引导当代大学生树立正确的网络道德观念，强化网络道德行为。学生会邀请了校内外的专家学者进行深入解读。讲座中，专家们从《礼记·礼运》中的"大道之行也，天下为公"这一经典论述出发，阐述了"天下为公"思想的内涵，即天下是天下人的天下，为大家所共有，强调公正、公平、共享的价值观。专家们结合当前网络社会的实际情况，分析了网络道德问题产生的原因，以及"天下为公"思想在网络道德建设中的重要作用。讲座结束后，学生会还组织了一系列相关主题的实践活动。

　　首先，开展了"网络文明我先行"签名活动，鼓励同学们在横幅上签名，承诺自觉遵守网络道德规范，做文明上网的践行者。其次，举办了"网络道德故事会"，邀请同学们分享自己在网络世界中的道德选择和经历，通过真实案例引导大家思考网络道德的重要性。最后，学生会还建立了"网络道德监督小组"，定期对校园网络环境进行巡查，对发现的网络不道德行为进行及时纠正和处理。

　　案例总结：本次活动取得了显著成效。通过讲座和实践活动，同学们对"天下为公"思想有了更深刻的理解，对网络道德问题有了更清晰的认识。大家纷纷表示，要将"天下为公"的价值观融入到网络行为中，做到公正、公平、共享，共同维护网络空间的清朗和文明。

　　原因分析：一是网络环境的复杂性，网络信息的多样性和匿名性使得部分大学生在网络中放松了道德约束；二是网络教育的滞后性，传统的道德教育在网络环境下显得力不从心，难以有效引导大学生的网络行为；三是大学生自身道德认知的模糊性，部分大学生对网络道德的认识不够清晰，缺乏正确的道德判断和选择能力。

　　对策：首先，将网络道德教育纳入高校课程体系，通过课堂教学、讲座、实践活动等多种形式，提高大学生的网络道德意识和素养。其次，强化网络监管。建立健全网络监管机制，加强对网络信息的筛选和过滤，及时清理网络中的不良信息，为大学生提供一个健康、安全的网络环境。最后，倡导"天下为公"的价值观。在校园内广泛宣传"天下为公"的价值观，引导大学生树立正确的网络道德观念，将公正、公平、共享的价值观融入到网络行为中。

案例十三：中华优秀传统文化中"革故鼎新"理念在大学生网络道德培育中的作用

　　案例内容：某高校从传统文化的"革故鼎新"视角出发，制订并实施了一系列网络道德行为引导策略，旨在推动大学生在网络空间中形成积极、健康的道德风尚。

该校梳理当前大学生网络道德行为中存在的主要问题，如网络欺诈、恶意攻击、侵犯隐私等，并深入分析这些问题的成因。接着，学校结合传统文化的"革故鼎新"理念，即勇于改革旧有事物，创造新事物，制订了一套网络道德行为引导方案。首先，开设网络道德教育课程。学校将网络道德教育纳入课程体系，通过课堂教学的方式向学生传授网络道德规范和标准。课程内容涵盖网络礼仪、网络责任、网络安全等方面，旨在引导学生树立正确的网络道德观念。其次，举办网络道德主题讲座。学校定期邀请专家学者举办网络道德主题讲座，围绕"革故鼎新"的理念，探讨如何在网络空间中发扬传统美德，摒弃不良行为。这些讲座不仅提高了学生的道德认知，还激发了他们参与网络道德建设的热情。再次，开展网络道德实践活动：学校鼓励学生参与网络道德实践活动，如网络公益、网络志愿服务等。通过实践，学生将网络道德规范内化为自己的行为准则，形成了良好的网络道德风尚。最后，建立网络道德监督机制。学校对学生在网络空间中的行为进行监督和评估，对于违反网络道德规范的行为给予相应的教育和惩罚，以维护网络空间的健康与和谐。

案例总结：经过一段时间的实施，该校的网络道德行为引导策略取得了显著成效。学生的网络道德意识明显提高，网络行为更加规范，网络空间的环境也得到了显著改善。这些变化不仅提升了学生的个人素质，也为他们未来的发展奠定了坚实的基础。

原因分析：第一，"革故鼎新"作为中国传统文化的重要理念之一，具有深厚的文化底蕴和广泛的社会影响力。学校从这一理念出发，引导学生正确认识和处理网络道德问题，使他们在面对复杂多变的网络环境时能够保持清醒的头脑和正确的道德判断。第二，大学生作为网络时代的原住民，对良好的网络道德行为的需求和关注度日益提高。学校从"革故鼎新"的视角出发，满足了学生的这一需求，使他们在网络空间中能够更好地发挥自己的潜力和价值。第三，学校制订的网络道德行为引导策略具有针对性强、操作性强的特点。通过开设课程、举办讲座、开展实践活动和建立监督机制等多种方式，使策略得以有效实施并取得良好效果。

对策：第一，持续加强网络道德教育。将网络道德教育纳入学校的长期规划中，不断提高教育质量和效果。同时，加强与其他高校和机构的合作与交流，共同推动网络道德教育的发展。第二，创新网络道德实践模式。结合大学生的特点和兴趣点，探索更多样化、更具创新性的网络道德实践模式。通过实践活动让学生更加深入地了解网络道德规范并将其内化为自己的行为准则。第三，加强网络道德监督机制建设。进一步完善网络道德监督机制，提高监督的覆盖面和准确性。同时，加强对学生网络行为的日常管理和引导，及时发现和纠正不良行为倾向。

案例十四：中华优秀传统文化中"讲信修睦"理念在大学生网络道德培育中的作用

案例内容：为了引导大学生在网络空间中树立正确的道德观念，某高校基于"讲信修睦"的传统文化视角，开展了一系列网络道德行为引导活动。

活动一：讲信修睦主题讲座。学校邀请了传统文化学者和伦理学家，为大学生们举办了一场主题为"讲信修睦与网络道德"的讲座。讲座中，专家们深入阐述了"讲信修睦"的内涵，即讲究诚信、注重和睦，并指出这一理念在网络时代同样适用。他们结合具体案例，分析了网络空间中的不诚信行为（如虚假信息、网络欺诈等）对个人和社会的危害，强调了网络道德行为的重要性。活动二：网络诚信承诺书签订。为了增强大学生的网络诚信意识，学校组织了一次网络诚信承诺书签订活动。在承诺书中，学生们郑重承诺将遵守网络道德规范，不发布虚假信息、不参与网络欺诈等不诚信行为。这一活动得到了学生们的积极响应，他们纷纷表示将践行承诺，维护网络空间的诚信和和谐。活动三：网络道德实践项目。学校鼓励学生们参与网络道德实践项目，如网络辟谣、网络公益等。这些项目旨在让学生们通过实际行动践行"讲信修睦"的理念，提升他们的网络道德素质。在这些项目中，学生们不仅学会了如何辨别网络谣言、维护网络秩序，还体会到了网络道德行为对个人和社会的积极影响。

案例总结： 通过"讲信修睦"的传统文化视角，该校成功地引导了大学生在网络空间中树立正确的道德观念。讲座、承诺书签订和实践项目等多种形式的活动，使学生们深刻认识到网络道德行为的重要性，并付诸实践。这些活动不仅提升了学生们的网络道德素质，还促进了网络空间的和谐稳定。

原因分析： 首先，传统文化底蕴深厚。"讲信修睦"作为中国传统文化的重要理念之一，具有深厚的文化底蕴和广泛的社会影响力。通过弘扬这一理念，可以有效地引导大学生的网络道德行为。其次，大学生需求契合度高。随着网络时代的快速发展，大学生们对网络道德行为的需求和关注度日益提高。通过"讲信修睦"的传统文化视角进行引导，可以更好地满足他们的需求，提升他们的道德素质。此外，活动形式多样化。该校通过讲座、承诺书签订和实践项目等多种形式的活动进行引导，这些活动具有针对性强、互动性强的特点，能够更好地吸引学生们的参与和关注。

对策： 第一，加强传统文化教育。在教育中加强对传统文化的传承和弘扬，特别是在道德教育中融入传统文化的元素，引导学生们从传统文化的角度认识道德问题。第二，深化网络道德教育。将网络道德教育纳入学校的教育体系，通过课程教育、实践活动等多种形式加强对学生们的网络道德教育。同时，注重培养学生的网络素养和自律能力，使他们能够在网络空间中自觉遵守道德规范。第三，营造积极向上的网络环境。加强网络监管力度，打击网络违法和不良行为，营造积极向上的网络环境。同时，鼓励学生们积极参与网络公益活动和社会实践活动，培养他们的社会责任感和奉献精神。

案例十五：弘扬中华美德，塑造当代大学生网络道德新风尚

案例内容： 近年来，随着互联网的普及和深入发展，网络道德问题日益凸显。针对这一问题，某高校结合传统文化精髓，积极开展当代大学生网络

道德行为引导活动，取得了显著成效。

首先通过举办传统文化讲座和开设相关课程，让大学生深入了解和感受中华美德的博大精深。讲座内容涵盖儒家思想、道家哲学等多个方面，旨在引导大学生树立正确的价值观和道德观。同时，学校还结合网络时代的特点，将传统道德理念与网络道德行为相结合，让大学生认识到网络世界同样需要遵循道德规范。在此基础上，学校进一步开展了一系列网络道德实践活动。如：组织"网络文明使者"评选活动，鼓励大学生积极践行网络道德规范；开展"传统文化与网络道德"主题征文比赛，引导大学生深入思考传统文化与网络道德行为之间的关系；举办网络道德知识竞赛，提高大学生对网络道德规范的认知和理解。通过这些活动的开展，该校大学生的网络道德行为得到了明显改善。学生们普遍能够自觉遵守网络道德规范，拒绝传播不实信息、恶意攻击他人等不良行为。同时，学生们还积极参与到网络道德建设的实践中来，为营造文明、健康的网络环境贡献了自己的力量。

案例总结：本案例通过弘扬中华美德，成功引导了当代大学生树立正确的网络道德行为观念。通过传统文化教育、网络道德实践活动等多种方式，使大学生在深入了解传统文化的同时，也能够自觉遵守网络道德规范，形成良好的网络道德风尚。

原因分析：当代大学生网络道德行为出现问题的原因主要有以下几点：一是部分大学生对传统文化的认知不足，无法从中汲取道德行为的智慧；二是网络环境的匿名性和虚拟性使得部分大学生忽视了道德行为的约束；三是缺乏有效的网络道德教育和引导机制。

对策：加强传统文化教育，将传统文化融入大学生的课程体系中，提高大学生对传统文化的认知和重视程度。通过举办讲座、开设课程等方式，让大学生深入了解传统文化的内涵和价值，从而引导他们在网络世界中树立正确的道德观念。开展网络道德教育，结合网络时代的特点和大学生的实际需求，制订有针对性的网络道德教育方案。通过实践活动、主题征文比赛等形式，让大学生在参与中体验和感受网络道德的重要性，提高他们的网络道德意识。建立完善的网络道德监督机制，对大学生的网络行为进行监督和约束。通过设立举报平台、加强网络巡查等方式，及时发现和处理违反网络道德的行为，维护网络环境的健康和文明。通过以上对策的实施，可以有效引导当代大学生树立正确的网络道德行为观念，促进网络文明的建设和发展。

参 考 文 献

参考文献

[1] 马克思，恩格斯．马克思恩格斯全集（第三卷）[M]．北京：人民出版社，1960．

[2] 列宁．列宁全集（第五卷）[M]．北京：人民出版社，1986．

[3] 斯大林．斯大林全集（第二卷）[M]．北京：人民出版社，1953．

[4] 毛泽东．毛泽东选集（一至四卷）[M]．北京：人民出版社，1991．

[5] 邓小平．邓小平文选（一至三卷）[M]．北京：人民出版社，1993．

[6] 习近平．习近平谈治国理政 [M]．北京：外文出版社，2014．

[7] 中共中央关于构建社会主义和谐社会若干重大问题的决定 [EB/OL]．（2006-10-11）．http://www.gov.cn/govweb/gongbao/content/2006/content_453176．html．

[8] 胡锦涛在中央党校省部级干部进修班发表重要讲话 [EB/OL]．（2007-06-25）．http://www.chinanews．com/gn/news/2007/06-25/964972．shtml．

[9] 胡锦涛在党的十七大上的报告（全文）[EB/OL]．（2007-10-25）．http://www.chinadaily．com．cn/hqzg/2007-10/25/content_6205616．htm．

[10] 十七届六中全会公报（全文）[EB/OL]．（2011-11-24）．http://cn.chinagate．cn/zhuanti/whcyfz/2011-11/24/content_23996878_3．htm．

[11] 《求是》杂志发表习近平总书记重要文章关于坚持和发展中国特色社会

主义的几个问题 [EB/OL]. （2019-04-01）. http://cpc.people.com.cn/n1/
2019/0401/c64094-31005396. html.

[12] 社 会 主 义 荣 辱 观 [EB/OL]. （2013-06-05）. http://qzlx.people.com.cn/
n/2013/0605/c364582-21742365. html.

[13] 胡锦涛在中共第十八次全国代表大会上所作报告 [EB/OL]. （2012-11-17）.
politics.people.com.cn/n/2012/1117/c1024-19611447-5. html.

[14] 中共中央办公厅印发《关于培育和践行社会主义核心价值观的意见 [EB/
OL]. （2013-12-23）. http://www.wenming. cn/ll_pd/shzyhxjztx/201312/
t20131223_1654835. shtml.

[15] 中 华 人 民 共 和 国 宪 法 [EB/OL]. （2018-03-22）. http://www.xinhuanet.
com/politics/2018lh/2018-03/22/c_1122572202. htm.

[16] 中共中央关于全面推进依法治国若干重大问题的决定 [EB/OL]. （2014-
10-29）. http://cpc.people.com.cn/n/2014/1029/c64387-25927606. html.

[17] 十八大以来网络空间法治化全面推进 [EB/OL]. （2015-12-14）. http://m.
cnr. cn/news/20151214/t20151214_520792431. html.

[18] 燕道成，杨瑾胡，江春. 网络舆情新特点及应对策略 [EB/OL]. （2016-
02-04）. http://www.xinhuanet.com/politics/2016-02/04/c_128701813. html.

[19] CNNIC 发布第 42 次中国互联网络发展状况统计报告 [EB/OL]. （2018-
08-20）. http://www.cac.gov.cn/2018-08/20/c_1123296859. html.

[20] CNNIC 发布第 46 次中国互联网络发展状况统计报告 [EB/OL]. （2020-
09-29）. http://www.cac.gov.cn/2020-09/29/c_1602939909285141. html.

[21] 高仲姣，程秀霞. 当代大学生网络道德发展现状及影响因素分析：基于
五所高校的问卷分析 [J]. 重庆邮电大学学报（社会科学版），2019，31
（4）：74-82.

[22] 卢佩言，李如齐，时昕. 攻击性和示范性规范对大学生网络道德失范行
为的影响 [J]. 黑龙江高教研究，2019，37（1）：101-104.

[23] 赵炎. 发挥社会主义核心价值观对大学生网络道德建设的引领作用 [J].
六盘水师范学院学报，2018，30（6）：44-50.

[24] 张潆方，孙树桐. 高校加强大学生网络道德教育的思考 [J]. 海南广播电视大学学报，2018，19（4）：105-109.

[25] 赵子祥，黄雅琨. 思想政治教育视角下大学生网络道德教育探析 [J]. 黑龙江教育学院学报，2018，37（4）：98-100.

[26] 张海斌. 如何填补大学生网络道德教育"漏洞"[J]. 人民论坛，2017（5）：82-83.

[27] 孟秀霞，李九丽. 论大学生网络伦理道德的构建 [J]. 学校党建与思想教育，2016（22）：30-31.

[28] 黄明宇，邓艳葵. 提升大学生网络道德养成教育有效性策略研究：以广西高校为例 [J]. 学术论坛，2016，39（3）：168-172.

[29] 陈淑娇. 微时代大学生网络道德建设探析 [J]. 高教论坛，2016（4）：7-10.

[30] 张思. 大学生网络道德教育特点分析 [J]. 湖北社会科学，2016（4）：195-198.

[31] 范益民. 新媒体时代大学生网络伦理道德失范教育的法治化思考 [J]. 学术探索，2016（1）：53-58.

[32] 翟雅媛，冉勇，党静雯. 当代大学生网络道德失范的原因及教育策略 [J]. 学校党建与思想教育，2015（18）：51-52，60.

[33] 张元，丁三青. 传统"慎独"思想与大学生网络道德教育 [J]. 广西社会科学，2015（8）：212-216.

[34] 王弘，查桂义，张宁. 高校大学生网络道德现状调查及对策研究：基于五所高校的问卷调查 [J]. 江淮论坛，2015（4）：189-192.

[35] 王羽，王立荣. 新媒体视域下大学生网络道德教育探究 [J]. 东南大学学报（哲学社会科学版），2015，17（增刊1）：161-163.

[36] 杨立敏. 高校网络道德教育的开拓性思考 [J]. 教育与职业，2015（13）：49-51.

[37] 王力尘，翟晨. 大学生网络道德的养成教育研究 [J]. 辽宁工业大学学报（社会科学版），2015，17（2）：78-80.

[38] 张思. 浅析大学生网络道德教育的内涵、特点与途径 [J]. 学校党建与思想教育，2015（6）：75-76.

[39] 周方舒. 基于计划行为理论大学生网络道德失范行为分析 [J]. 教育与职业，2015（6）：72-74.

[40] 潘丽明. 大学生网络道德失范行为的社会学分析 [J]. 湖北函授大学学报，2015，28（2）：46-47.

[41] 吕晓峰，孟维杰. 对大学生网络道德教育的思考 [J]. 教育探索，2014（12）：111-112.

[42] 李春山，苗琪，何京泽. 自媒体时代大学生网络道德自律的问题及对策 [J]. 法制与社会，2014（25）：228-229.

[43] 俞亚萍，强浩. 大学生网络道德教育协同创新微探 [J]. 学校党建与思想教育，2014（16）：60-62.

[44] 邓晖. 谈大学生网络安全教育 [J]. 教育探索，2014（7）：79-80.

[45] 兰华. 当代大学生网络道德失范与对策研究 [J]. 教育探索，2014（6）：119-120.

[46] 何书彩. 大学生网络道德问题的成因及对策研究 [J]. 法制与社会，2014（16）：162-163.

[47] 赵惜群，黄蓉. 加强和改进大学生网络道德教育路径初探 [J]. 思想理论教育导刊，2014（4）：129-132.

[48] 杨佳佳. 大学生网络道德现状及教育引导措施研究 [J]. 黑龙江高教研究，2014（4）：124-127.

[49] 肖虎. 当代大学生网络道德危机的表现与成因研究 [J]. 教育与职业，2013（30）：64-65.

[50] 李忠新. 大学生网络道德规范建设研究 [J]. 黑龙江高教研究，2013，31（8）：123-125.

[51] 赵燕，张赟. 新媒体时代加强大学生网络伦理道德教育简论 [J]. 学校党建与思想教育，2013（17）：67-68.

[52] 王渊，丁振国，陈华文，等. 大学生网络道德现状分析及教育对策：基

于武汉市 9 所高校大学生的问卷调查 [J]. 学校党建与思想教育，2013（10）：73-75.

[53] 王辉. 大学生网络道德失范现象探析 [J]. 继续教育研究，2013（3）：97-99.

[54] 黄莉."慎独"思想与大学生网络道德培养研究 [J]. 教育与职业，2013（8）：62-63.

[55] 李玉华，闫锋. 大学生网络道德问题研究现状与思考 [J]. 思想教育研究，2012（11）：62-66.

[56] 杜蕾. 大学生网络道德与网络偏差行为关系研究 [J]. 长江大学学报（社会科学版），2012，35（11）：185-186.

[57] 李学锋，王莹，石冬旭. 大学生网络道德失范问题与网络规范的建立 [J]. 教育与职业，2012（29）：175-176.

[58] 贾志斌. 大学生网络道德教育的路径探析 [J]. 电化教育研究，2012，33（8）：49-53.

[59] 刘培进，李克州，陈涛. 大学生网络使用状况分析及网络德育思考 [J]. 思想理论教育，2012（5）：76-78.

[60] 冯文艳. 辽宁省大学生网络道德状况实证调查与分析 [J]. 沈阳农业大学学报（社会科学版），2012，14（2）：192-194.

[61] 李岩. 大学生思想政治教育中的网络道德危机及其应对 [J]. 教育与职业，2012（6）：59-60.

[62] 王渊，丁振国. 大学生网络道德教育的引导机制探索 [J]. 理论月刊，2012（2）：163-165.

[63] 顾习龙. 网络舆情对大学生网络伦理道德的影响与疏解 [J]. 现代教育科学，2012（1）：154-157.

[64] 赵苍丽. 大学生网络道德现状与改进措施 [J]. 江苏高教，2012（1）：121-122.

[65] 黎影，杨成. 大学生网络道德失范问题及其对策 [J]. 教育探索，2011（8）：120-122.

[66] 俞大军，罗小亮．浅谈网络舆情下的大学生思想政治教育工作 [J]．老区建设，2011（16）：62-64．

[67] 范宏．当代大学生网络道德失范现状分析及对策研究 [J]．湖北函授大学学报，2011，24（6）：51-52．

[68] 李炳元．当代大学生网络道德建设刍议 [J]．四川理工学院学报（社会科学版），2011，26（4）：110-113．

[69] 邓艳华．高校加强大学生网络道德教育的途径 [J]．盐城师范学院学报（人文社会科学版），2011，31（3）：96-98．

[70] 袁建军．大学生网络道德研究述评：兼评研究中的若干误区 [J]．思想政治教育研究，2011，27（2）：75-79．

[71] 贺永平，周鸿．大学生网络道德失范的原因与对策 [J]．教育与职业，2011（11）：50-52．

[72] 汪少波．当代大学生网络道德失范的问题与对策 [J]．合肥师范学院学报，2011，29（2）：117-122．

[73] 薛伟莲，刘权威．大学生网络道德现状调查与分析 [J]．辽宁师范大学学报（社会科学版），2011，34（2）：58-60．

[74] 魏雷东．后现代主义视域下的大学生网络道德问题研究 [J]．中国青年研究，2011（3）：93-97．

[75] 涂德祥．当代大学生网络道德建设探析 [J]．人民论坛，2011（5）：191-193．

[76] 左同宇，王玉萍．大学生网络道德行为的心理分析 [J]．中国青年研究，2011（1）：109-112，9．

[77] 张楠，李航敏．大学生网络道德问题分析及教育的对策建议 [J]．思想理论教育导刊，2010（10）：116-118．

[78] 胡玉东．大学生网络道德教育的思考与对策 [J]．知识经济，2010（17）：79-80．

[79] 张艺兵．"接受理论"与大学生网络道德教育 [J]．广西师范大学学报（哲学社会科学版），2010，46（4）：33-36．

[80] 张艺兵. 提高大学生网络道德教育实效性的新途径 [J]. 高教论坛，2010（6）：14-17.

[81] 朱爱虹，刘明. 论大学生网络道德教育 [J]. 山西财经大学学报，2010，32（增刊 1）：280.

[82] 管煜武. 大学生网络道德现状实证研究 [J]. 中国西部科技，2010，9（10）：76-78.

[83] 张楠. 大学生网络道德培育的范式创新 [J]. 首都师范大学学报（社会科学版），2010（2）：75-79.

[84] 谢忠强，刘转玲，黄红莲. 大学生网络道德失范现象分析及其教育干预 [J]. 扬州大学学报（高教研究版），2010，14（1）：80-82，96.

[85] 张道明，王超，黎滢. 大学生网络道德失范问题研究 [J]. 理论导报，2010（1）：53-54.

[86] 曾秋菊. 关于大学生网络道德状况的调查与分析：基于郑州六所高校的问卷调查 [J]. 学校党建与思想教育，2009（25）：88-90.

[87] 杜红英. 大学生网络道德调查分析 [J]. 学理论，2009（15）：256-261.

[88] 宋友，刘鹏超，吕经纬. 大学生网络道德教育的思考 [J]. 思想教育研究，2009（增刊 1）：151-153.

[89] 杜红英. 论大学生网络道德自律的培养 [J]. 学理论，2009（14）：161-164.

[90] 谢董汉. 大学生网络道德失范行为特征及对策 [J]. 管理观察，2009（15）：198-199.

[91] 于绪丽，徐美玲，杨凯，等. 大学生网络道德与网络心态的现状及对策研究：基于江苏四所高校的调查 [J]. 江苏教育学院学报（社会科学版），2009，25（2）：36-38.

[92] 叶通贤，周鸿. 大学生网络道德失范的行为及其对策研究 [J]. 河北师范大学学报（教育科学版），2009，11（2）：71-74.

[93] 邱杰. 大学生网络道德问题、成因及对策 [J]. 思想政治教育研究，2009，25（1）：37-39，47.

[94] 刘楠. 关于加强当代大学生网络道德教育的思考 [J]. 科教文汇（中旬刊），2009（2）：68.

[95] 朱晓红. 大学生网络道德失范的成因与对策分析 [J]. 江西农业大学学报（社会科学版），2007（4）：134-137.

[96] 曾丽达. 论大学生网络道德教育 [J]. 宿州教育学院学报，2007（6）：50-51.

[97] 柳欣，黄裕钊. 论和谐社会下大学生网络道德教育的构建 [J]. 湖北经济学院学报（人文社会科学版），2007（11）：143-144.

[98] 金连钧，汪琼. "慎独"与大学生网络道德教育 [J]. 江苏高教，2007（6）：152-153.

[99] 王淑珍，王木昌，刘桂玲. 大学生网络道德失范与教育途径 [J]. 沈阳农业大学学报（社会科学版），2007（5）：723-726.

[100] 顾晓虎. 大学生网络道德人格的缺失与重塑 [J]. 江苏高教，2007（5）：105-106.

[101] 刘丽平. 西方国家经验对我国大学生网络道德教育的借鉴 [J]. 黑龙江高教研究，2007（8）：44-46.

[102] 郝兆丰，李军. 论大学生网络道德失范及防治体系的构建 [J]. 河北北方学院学报，2007（3）：49-50.

[103] 梁斐. 当代大学生网络道德失范及其对策探究 [J]. 广西大学学报（哲学社会科学版），2007（3）：145-148.

[104] 曾黎. "自律"是大学生网络道德教育的着力点 [J]. 教育探索，2007（5）：95-96.

[105] 李邦红. 网络环境下高校德育的新视点：大学生网络道德责任教育 [J]. 世纪桥，2007（4）：121-122.

[106] 江雪梅，李凤旺. 对高校学生网络道德教育的思考 [J]. 教育探索，2007（4）：88-89.

[107] 唐慧荣. 建立和完善我国大学生网络道德的教育机制 [J]. 教育理论与实践，2007（6）：42-43.

[108] 陈德敏. 大学生网络道德问题初探 [J]. 中国成人教育，2007（4）：44-45.

[109] 杨琦，陈伟. 浅析大学生网络道德教育 [J]. 辽宁行政学院学报，2007（2）：56-57.

[110] 朱玉泉. 大学生网络道德教育及对策分析 [J]. 河北职业技术学院学报，2007（1）：86-87，92.

[111] 檀江林. 当代大学生网络道德建设的若干思考 [J]. 青年研究，2007（1）：37-42.

[112] 李光辉. 传统文化与大学生网络道德品质自我养成 [J]. 黑龙江高教研究，2007（1）：90-91.

[113] 赵晓芳. 大学生网络道德教育探析 [J]. 求实，2006（增刊2）：224-225.

[114] 姜希玉. 大学生网络道德失范及对策 [J]. 怀化学院学报，2006（12）：169-171.

[115] 孙秀娟. 试论大学生网络道德危机与网络道德教育 [J]. 江苏社会科学，2006（增刊1）：70-73.

[116] 周春燕. 大学生网络伦理道德规范研究 [J]. 扬州大学学报（高教研究版），2006（5）：74-76.

[117] 王玉国. 大学生网络犯罪的表现及对策探析 [J]. 黑龙江高教研究，2006（8）：131-132.

[118] 顾思伟. 大学生网络交往及伦理道德问题的调查与思考 [J]. 淮南师范学院学报，2006（4）：81-84.

[119] 邓希泉. 高校网络思想政治教育调查的实证分析 [J]. 中国青年政治学院学报，2006（4）：67-72.

[120] 戴新利. 大学生网络道德失范问题新探 [J]. 中国成人教育，2006（7）：23-24.

[121] 时德生. 对大学生网络道德教育的思考 [J]. 理论界，2006（5）：115-116.

[122] 柳萍，张大卫. 大学生网络道德教育：思想政治教育的新课题 [J]. 西藏民族学院学报（哲学社会科学版），2006（3）：93-95，103.

[123] 陈兰荣. 谈大学生网络道德失范的成因及对策 [J]. 教育与职业，2006（14）：100-101.

[124] 曹秀华. 当代大学生网络道德教育的困境与出路 [J]. 中山大学学报论丛，2005（6）：418-421.

[125] 刘新奇. 切实加强对大学生的网络道德教育 [J]. 教育理论与实践，2005（22）：22-24.

[126] 李秋霞. 大学生网络道德教育问题分析 [J]. 中共郑州市委党校学报，2005（6）：195-196.

[127] 张翔. "慎独"教育与大学生网络道德形成 [J]. 内蒙古工业大学学报（社会科学版），2005（2）：115-118.

[128] 丁泗. 网络文化与大学生网络道德教育 [J]. 江苏高教，2005（5）：113-114.

[129] 王善田. 浅析构筑大学生政治思想教育网络平台的途径 [J]. 党史文苑，2005（14）：75-76.

[130] 范松仁，袁筱青. 儒家"慎独"视阈中的大学生网络道德建设 [J]. 高等农业教育，2005（6）：22-25.

[131] 范松仁. 儒家"慎独"伦理精神与大学生网络道德自律的契合 [J]. 学校党建与思想教育，2005（5）：51-52.

[132] 宋富华. 对提高大学生网络道德素质的现实思考 [J]. 学校党建与思想教育，2005（4）：64-66.

[133] 王国良. 大学生网络伦理道德问题研究 [J]. 咸阳师范学院学报，2005（2）：68-71.

[134] 付国华. 大学生网络伦理道德的构建 [J]. 吉林工程技术师范学院学报，2005（2）：46-49.

[135] 李远贵. 论加强大学生网络道德教育 [J]. 重庆交通学院学报（社会科学版），2004（4）：95-97.

[136] 戚佩玲. 大学生网络道德现状的思考 [J]. 中山大学学报论丛,2004（6）:
328-331.

[137] 徐睿,胡小端. 试论高校校园网文化的特征与建设 [J]. 江西社会科学,
2004（11）:168-171.

[138] 何小英. 信息时代大学生网络道德现状及对策 [J]. 求索,2004（7）:
178-180.

[139] 张艺兵. 论大学生网络道德建设 [J]. 高教论坛,2004（3）:78-82.

[140] 伍安春,张新福,余惠琼. 网络对大学生道德的冲击及对策思考 [J].
重庆邮电学院学报（社会科学版）,2004（3）:110-112.

[141] 李德,曾立荣,黄有梅. 浅论大学生网络道德主体性的失落及其重塑 [J].
兰州学刊,2004（2）:198-200.

[142] 龙文明. 谈大学生网络道德教育的原则和方法 [J]. 黔东南民族师范高
等专科学校学报,2004（2）:81-82.

[143] 任祥. 大学生网络道德失范的分析与应对 [J]. 思想教育研究,2004（1）:
30-32.

[144] 黄柯. "两课"应加强大学生网络道德和网络法制教育 [J]. 南昌航空工
业学院学报（社会科学版）,2003（4）:85-87.

[145] 董虹凌,戴黍. 大学生网络道德行为状况问卷调查与分析 [J]. 第一军
医大学分校学报,2003（2）:129-131.

[146] 韩振峰. 大学生网络道德教育新探 [J]. 学校党建与思想教育,2003
（10）:58-59.

[147] 张素玲,张宝华,上官林武. 大学生网络道德调查分析 [J]. 集美大学
学报（教育科学版）,2003（3）:65-69.

[148] 王勤明,张晓伟. 大学生网络道德教育初探 [J]. 北京青年政治学院学
报,2003（3）:17-21.

[149] 范笑仙,赵金秀. 以主体性教育为取向提高大学生网络道德水平 [J].
中国高教研究,2003（9）:82-83.

[150] 邱杰,张承业. 大学生网络道德及行为态度研究 [J]. 中国校医,2003

（4）：301-303.

[151] 赵炳美. 大学生网络道德的失范与建设 [J]. 四川师范学院学报（自然科学版），2003（1）：104-106，110.

[152] 郑景献. 大学生网络道德现状透视 [J]. 思想教育研究，2003（1）：20-21.

[153] 郑景献. 大学生网络道德教育研究 [J]. 社会主义研究，2002（5）：89-91.

[154] 陈桂淑. 关于大学生网络道德教育的思考 [J]. 涪陵师范学院学报，2002（4）：98-100.

[155] 张晓燕. 大学生网络道德建设研究 [J]. 理论月刊，2002（8）：115-117.

[156] 林冬月. 浅谈大学生网络道德现状及其对策 [J]. 中山大学学报论丛，2002（2）：271-274.

[157] 冯定昌. 大学生网络道德教育的几点思考 [J]. 淮南工业学院学报（社会科学版），2002（1）：67-69.

[158] 陈春萍. 当前大学生网络道德教育的内容和方法 [J]. 广西社会科学，2002（1）：212-214.

[159] 李亚宁. 大学生网络道德教育刍议 [J]. 山西教育学院学报，2001（4）：100-101.

[160] 吴晟志，蔡其明. 浅谈大学生网络道德教育 [J]. 广西民族学院学报（自然科学版），2001（2）：147-150.

[161] 陈友华，夏梦凡. 社区治理现代化：概念、问题与路径选择 [J]. 学习与探索，2020（6）：36-44.

[162] 吕鹏，张原. 青少年"饭圈文化"的社会学视角解读 [J]. 中国青年研究，2019（5）：64-72.

[163] 徐汉明，张新平. 网络社会治理的法治模式 [J]. 中国社会科学，2018，（2）：48-71，205.

[164] 李传军，李怀阳. 公民网络问政与政府回应机制的建构 [J]. 电子政务，2017（1）：69-76.

[165] 王思斌. 社会工作机构在社会治理创新中的网络型服务治理 [J]. 学海，2015（3）：47-52.

[166] 李维安，林润辉，范建红. 网络治理研究前沿与述评 [J]. 南开管理评论，2014，17（5）：42-53.

[167] 范如国. 复杂网络结构范型下的社会治理协同创新 [J]. 中国社会科学，2014（4）：98-120，206.